Mustertheorie

Einführung und Perspektiven auf den Spuren von Christopher Alexander

Helmut Leitner

Herausgegeben von Helmut Leitner
helmut.leitner@hls-software.at

Quellenangaben für Abbildungen:
Bild 1, 4 und 5: Zeichnungen von Helmut Leitner
Bild 2 und 3: Aquarelle von Nikos Salingaros
Diagramme 1 bis 15: Zeichnungen von Helmut Leitner

Gedruckt bei CreateSpace
Erstdruck: Juni 2016
ISBN 978-3-9504247-0-6

Inhaltsverzeichnis

Vorwort

Der Begriff *Muster*, der im Titel dieses Buches steht, bedeutet mehr als die Alltagssprache ausdrückt. Er steht symbolhaft für eine *neue wissenschaftliche Denkweise*, die hilft, die Welt besser zu verstehen, und für eine neue *Methode* zur Gestaltung *lebendiger Systeme*. Dabei meint das Wort *lebendig* nicht den biologischen Zustand *lebendig* im Gegensatz zu *tot*, sondern eine graduelle Lebendigkeit. Graduell bedeutet, dass man diese Lebendigkeit allen Dingen in mehr oder weniger großem Ausmaß zuschreibt. Ganz fremd ist das auch unserer Alltagssprache nicht, wenn wir etwa ein Bild, einen Unterricht oder einen Schulaufsatz als lebendig beschreiben, oder umgekehrt eine Farbe oder eine Stadt als tot. Vielleicht steckt in diesen Formulierungen mehr Treffsicherheit, als man auf den ersten Blick vermuten würde.

Es geht bei der Mustertheorie um ein umfassendes Konzept für alle Bereiche des Lebens. Je nach Blickwinkel kann man auch die Begriffe Leittheorie, Denkweise, Methode oder Paradigma verwenden. Dieses Buch gibt eine Einführung, einen Überblick über die ersten Anwendungen, und es zeigt einige Anschlussmöglichkeiten zu anderen Denkrichtungen auf.

Der Urheber der Mustertheorie ist *Christopher Alexander*, ein zeitgenössischer amerikanischer Architekt. Alexander ist emeritierter Professor für Architektur der Universität Berkeley (Kalifornien), ein bedeutender Systemtheoretiker und Philosoph. Seine Ideen sind aufrüttelnd, denn sie betreffen die Gestaltung der Welt und das ist für jeden Menschen interessant.

Die politischen, wirtschaftlichen, sozialen und ökologischen Probleme des 21. Jahrhunderts türmen sich in entmutigender Weise. Politiker und andere Verantwortliche bieten kaum systematische Lösungsansätze. Sie tendieren vielmehr dazu, die schwierigen offenen Fragen schönzureden oder zu verdrängen. Die Alexander' sche Denkweise bietet dagegen Möglichkeiten zur

Lösung dieser Probleme. Jeder kann diese Konzepte verstehen und als Werkzeuge in seinen Interessenbereichen benützen.

Der Umfang der Originaltexte erschwert das Verständnis der Mustertheorie. Es sind über 4000 Seiten in Englisch, vorwiegend im Zusammenhang mit Architektur (Alexander, 1964-2005). Diese Bücher entstanden während mehrerer Jahrzehnte, zeichnen eine gedankliche Entwicklung nach und sind daher nicht ganz konsistent. Die Situation hat sich zwar durch das 2002-2005 erschienene Hauptwerk *The Nature of Order* gebessert, jedoch ist auch dieses Werk in vier Bänden sehr umfangreich (Alexander, 2002-2005). Es ist aber – alleine schon wegen seines einzigartigen Bildmaterials – sehr zu empfehlen.

Das vorliegende Buch enthält in der ersten Hälfte ein kompakte Einführung, die soweit wie möglich von der Architektur abstrahiert und das Konzept für andere Anwendungsbereiche öffnet. Das Ziel ist eine Erleichterung des Einstiegs für den Nicht-Fachmann. Es lohnt sich, einen solchen Zugang zu schaffen, denn kaum ein anderer Denker in der Menschheitsgeschichte hat sich so erfolgreich um eine Theorie des Lebens bemüht wie Christopher Alexander. Sein Werk wartet darauf, verstanden und genutzt zu werden.

Der Autor dieses Buches kam mit dem Thema ab dem Jahr 2000 in Berührung. Zunächst in der Softwareentwicklung mit den *software design patterns*, einer frühen Anwendung der Alexander'schen Mustertheorie. Dann folgte die Beschäftigung mit *Wiki*, einer Erfindung von *Ward Cunningham* zum kollaborativen Schreiben im Internet (Wiki Wiki Web, 1995) *(Leuf & Cunningham, 2001)*. Dieses Internet-System ist durch das Wikipedia-Projekt bekannt geworden und eng mit den Ideen Alexanders verknüpft (Wikipedia, 2001). Bei der jahrelangen Beschäftigung mit *Online-Communities* zeigte sich zunehmend, dass Internet-Gemeinschaften vorwiegend mit Hilfe der Mustertheorie verstanden werden können. Manche frühe Eindrücke aus dieser Zeit finden sich im Buch *Online-Communities, Weblogs und die soziale Rückeroberung des Netzes* (Eigner et al., 2003).

Parallel zur Beschäftigung mit dem Werk Alexanders wuchs der Bedarf, die Mustermethode effizienter in Gemeinschaft mit

Freunden und Projektpartnern für verschiedene Zwecke anwenden zu können. Das Fehlen eines Einführungstextes erwies
sich dabei als Hindernis. Einige im Internet entstandenen Texte
waren geeignet, bestimmte Aspekte zu beschreiben und
Interesse zu wecken. Jedoch eine Gesamtdarstellung konnten sie
nicht ersetzen. Schließlich entstand die Idee, eine Einführung in
handlicher Form zu schreiben.

Die Verallgemeinerung und Verdichtung der Mustertheorie
auf engem Raum ist gewagt. Es besteht zwar die Chance auf
zusätzliche Klarheit und die Möglichkeit, mit einem kurzen Text
mehr Leser zu erreichen. Genauso besteht aber das Risiko
unzulässiger Vereinfachungen. Der vorliegenden Text soll daher
von vornherein als Interpretation aufgefasst werden, die in
bester Absicht entstanden ist, aber nicht in jedem Detail
Alexanders Argumenten oder Haltungen folgen kann.

Ich danke dem Verlag Nausner & Nausner, vor allem Peter
Nausner und Christian Eigner, für das Vertrauen in der frühen
Projektphase, für die Ermutigung und die Ermöglichung des
Projektes sowie Esther Nausner und Elisabeth Peyer für die
verlagsinterne Betreuung und den Satz. Mein weiterer Dank gilt
den lieben Menschen, die mir online und offline durch Diskussio-
nen, Kritik und Anregungen bei den Gedanken zu diesem Buch
geholfen haben, besonders Christian Eigner, Florian Heiler,
Thomas Kalka, Thomas Leitner, der Lektorin Christine Maitz,
Franz Nahrada, Peter Nausner, Jascha Rohr, Nikos Salingaros,
Hermann Schaller, Sunir Shah und Norbert Witternigg. Das
bedeutet natürlich nicht, dass sie mit allem Geschriebenen übereinstimmen oder für Fehler mitverantwortlich wären. Besonders
danke ich meiner Frau Eva Leitner für den Großteil der Korrektur-
arbeit und für das Verständnis, dass ich viel Zeit in dieses Buch
gesteckt habe.

Helmut Leitner, Graz, September 2007.

1 Einleitung

Christopher Alexander ist ein großer Denker der Gegenwart, der mit historischen Größen wie René Descartes, Isaac Newton, Immanuel Kant, Albert Einstein, Sigmund Freud oder Charles Darwin in einem Atemzug genannt werden kann. Die Auswahl ist nicht wertend gemeint und behauptet keine Vollständigkeit. Sie nennt nur beispielhaft Personen, die das menschliche Denken grundsätzlich und dauerhaft verändert haben. Das wird nach meiner Überzeugung auch bei Christopher Alexander der Fall sein. Die Mustertheorie stammt zwar aus der Architektur, ist aber eine allgemeine Theorie der Entfaltung (der Veränderung, der Transformation) und für fast beliebige Bereiche anwendbar. Sie erzeugt einen neuen Blick auf alle Phänomene der Welt und sie bietet eine Methode, um mit der Welt kreativ und produktiv umzugehen. Die Mustertheorie ist damit zutiefst praktisch. Das Thema ist die Entfaltung der Menschen und ihrer je eigenen Umgebungen.

Ausgangspunkte der Kritik

Alexander hatte sicher nicht die Absicht, eine neue Philosophie zu begründen, als er sich am Beginn seiner Forscherlaufbahn erneut die Grundfrage der Architektur „*Wie entstehen schöne Gebäude?*" stellte. Diese Frage ist nicht so naiv, wie sie in unseren heutigen Ohren klingt, war sie doch in allen traditionellen Gesellschaften gebräuchlich. Große Werke der Kunst und Architektur repräsentierten immer menschliche Werte und waren Sinnbilder für spirituelle Konzeptionen. Millionen von Touristen reisen jedes Jahr nach Florenz oder Venedig, zum Taj Mahal oder zur Alhambra, um solche beeindruckende Erzeugnisse der Vergangenheit zu sehen.

Im Gegensatz dazu stellt Alexander fest, dass ab dem 20. Jahrhundert herausragende Werke der Architektur sehr viel seltener entstehen. Die meisten Architekten haben diese Ziele aufgegeben, obwohl die technischen Möglichkeiten unvergleichlich gewachsen sind. Die Frage nach der Verkörperung von Werten tritt in den Hintergrund. Lebensbezogene und funktionelle Aspekte von Gebäuden werden zu Gunsten oberflächlicher Design-Effekte geopfert. Alexander kritisiert diese zeitgenössische Geisteshaltung, vor allem die postmoderne Architektur. Dabei geht es ihm gar nicht nur um die großen Kunstwerke, sondern er sieht das gleiche Defizit in der Alltagsarchitektur und den Alltagsgegenständen einer Gesellschaft, die sich allgemein von spirituellen Werten abgewandt hat.

Viele zeitgenössische Architekten fühlen sich durch Alexanders Forderungen, seine wertorientierte Perspektive und seine absoluten Urteilsmaßstäbe abgewertet. Sie sind verständlicherweise von seiner kritischen Haltung nicht begeistert und so hat er unter den Architekten mehr Gegnern als Befürworter. Manchmal wirft man ihm auch Traditionalismus vor. Die lange dauernde Auseinandersetzung hat dazu geführt, dass er über die Jahrzehnte hinweg eine ausgefeilte und umfangreiche Argumentation aufgebaut hat.

Alexander sieht die Wurzel für die Probleme in der Dominanz des mechanistisch-kausalen Weltbildes. Dieses erklärt alle Vorgänge in der Welt mittels der Vorstellung des Mechanismus. Die moderne Naturwissenschaft und Technik war damit äußerst erfolgreich und verändert unser aller Leben in mannigfacher Weise. Man muss aber auch die Frage zulassen, ob die Nebenwirkungen dieses Erfolges nicht bedrohliche Probleme für Mensch und Gesellschaft verursachen. In dieser Hinsicht steht Alexander in einer großen Gemeinschaft von Kritikern.

Viele von uns haben in der Schule Goethes *Faust* gelesen:

> *Habe nun, ach! Philosophie,*
> *Juristerei und Medizin,*
> *Und leider auch Theologie!*
> *Durchaus studiert, mit heißem Bemühn.*

Da steh ich nun, ich armer Tor!
Und bin so klug als wie zuvor;
[...]
Und sehe, daß wir nichts wissen können!
Das will mir schier das Herz verbrennen.
[...]
Daß ich erkenne, was die Welt
Im Innersten zusammenhält,
Schau alle Wirkenskraft und Samen,
Und tu nicht mehr in Worten kramen.

Diese Aussage ist in den 200 Jahren seit der Veröffentlichung des *Faust* wahr geblieben. Wissenschaft ist nach wie vor eine Disziplin, die den Menschen kaum Antworten auf ihre Lebensfragen gibt.

Noch deutlicher ist das Zitat von Max Wertheimer aus seinem berühmten Vortrag 1924 vor der Kant-Gesellschaft *„Über Gestalttheorie":*

Wie ist die Grundsituation? [...] man kommt von lebendigem Geschehen zur Wissenschaft, sucht in ihr Klärung, Vertiefung, Hineindringen, Vorwärtsdringen in das Wesentliche dessen, was da vorgeht, und findet vielfach zwar Belehrungen, Kenntnisse, Zusammenhänge und fühlt sich nachher ärmer als vorher. [...] hat nachher das klare Gefühl: man hat vieles in der Hand und eigentlich doch nichts. Irgendwie ist das, was einem das Wichtigste, Wesentlichste, das Lebendige der Sache schien, bei diesen Vorgängen verloren gegangen.

Diese Zitate kennzeichnen die große Sehnsucht nach wirklichen Erkenntnissen. Diese Sehnsucht konnte die Wissenschaft nur zu einem kleinen Teil erfüllen. Die analytische Methode führt zu einer Explosion von Detailergebnissen. *„Wir wissen immer mehr über immer weniger, bis wir Alles über Nichts wissen!"* Die großen Zusammenhänge und wichtigen Phänomene wie

Sinn, Schönheit, Glück, Freiheit und Liebe werden systematisch ausgeblendet. Die Wissenschaft hat dazu nicht viel zu sagen. Scheint es da nicht, als müssen diese Begriffe selbst dafür verantwortlich, also irrelevant sein?

Zwar besteht die Vorstellung, dass die Wissenschaft alles irgendwann einmal durch mechanistische Modelle wird erklären können, aber diese Vorstellung ist ein trügerisches Wunschbild. Es lenkt von wesentlichen Fragestellungen ab und verhindert neue Ansätze in der Forschung. Dieses Buch wird, Alexander folgend, die Grenzen traditioneller Wissenschaftlichkeit aufzeigen und neue Methoden und Modelle vorschlagen, mit denen in vielen Situationen bessere Ergebnisse erzielt werden können.

Das Ziel: Eine Wissenschaft des Lebens

Gemäß Alexander bündelt sich in der Architektur, der vorwiegenden Lebensumgebung des Menschen, die Problematik fehlender Werte. Es scheint mir symbolhaft, wenn im Jahr 2005 die unmenschlich öden Vorstädte von Paris zum Ausgangspunkt von gewalttätigen Jugendaufständen werden. Manche sagen ja, man sollte die Planer solcher Wohnsilos als Kriminelle behandeln. Dazu hat sich Alexander nicht geäußert, aber er lehnt Missstände der Architektur mit durchaus drastischen Worten ab und strebt energisch nach einer möglichst lebensfreundliche Gestaltung.

Bei dieser Suche stellte Alexander zunächst Analogien zwischen den gewachsenen Ordnungen in der Natur und den geschaffenen Ordnungen bei Gebäuden, Gebrauchsgegenständen, Kunstwerken und Kulturlandschaften her. Er suchte nach der Ähnlichkeit zwischen der Schönheit einer biologisch-lebendigen Blumenwiese und den materiell-lebendigen Meereswellen, der Schönheit eines Sonnenuntergangs und des Sacre Coeur, der Schönheit eines Bildes von Vincent van Gogh und der Altstadt von Venedig. Er erforschte die gemeinsamen Bedingungen, das Wesen dieser Ordnungen, und veröffentlichte schließlich sein Hauptwerk *The Nature of Order* (*Die Natur der*

Ordnung) (Alexander, 2002-2005), dessen Titel dieses zentrale Anliegen ausdrückt.

Die Lösung des Problems besteht, schreibt er, in der Vorstellung einer graduellen Lebendigkeit. Diese Lebendigkeit werde allen Systemen – ob biologisch-lebendig oder nicht – zu-geschrieben. Die Grenzlinie zwischen lebendiger und toter Materie wird von Alexander aufgelöst: Alles Existierende besitzt diese *Qualität des Lebens* in mehr oder weniger großem Maß. Dies ist unserer deutschsprachigen Alltagskommunikation nicht fern, spricht man doch auch von einem lebendigen Bild oder Aufsatz. Man spricht von einem lebendigen Menschen und meint damit die positive, inspirierende Ausstrahlung und nicht nur die aufrechte biologische Funktion.

Dieser allgemeine Lebendigkeitsbegriff kann auch auf Misch-systeme angewandt werden, also z. B. für Menschen, Tiere und Pflanzen in Verbindung mit einer Architektur oder einer Kulturlandschaft. Die Lebendigkeit von Systemen wird an Hand ihrer Struktur und der strukturellen Eigenschaften untersucht. In der Folge geht es um die Dynamik, die einzelnen Schritte der Veränderung, der Transformation, der Entwicklung bzw. Entfaltung hin zu größerer Lebendigkeit.

Muster nennt Alexander dabei wiederkehrende Problem-lösungen, in denen zum Beispiel sehr viel kulturelles Wissen der Menschheit steckt. Problemlösungsmuster wie WOHNHAUS, VERKEHRSWEG, MEDIKAMENT, STAAT, MARKT, WÄHRUNG oder ORGANISATION enthalten die Erfahrungen aus jahrhunderte-langer Anwendung. Es gibt Zehntausende solcher Muster, die unser Leben durchdringen und bestimmen, ohne dass es vor Alexander eine allgemeinen Theorie zu ihrem Verständnis gab.

Muster sind auch ein Mittel der Kommunikation. Sie werden systematisch in sogenannten *Mustersprachen* gesammelt und als Formensprachen in kreativen Prozessen angewandt. Als modulare Elemente erleichtern sie die methodische Entfaltung von Systemen. Damit wird ein auf viele Menschen und lange Zeiträume verteilter kultureller Prozess bewusster gemacht. Der Entfaltungsprozess wird damit zum Gegenstand einer neuen Art von wissenschaftlich-methodischer Untersuchung.

Da alles von dieser Lebendigkeit abhängt – etwa welche Entscheidung man in einer städtebauliche Situation trifft –, muss ein Weg gefunden werden, sie zu handhaben. Alexander hat dabei eine fundamentale Entdeckung gemacht: Menschen spüren eine Resonanz zur Lebendigkeit; sie haben ein Gefühl dafür, das man trainieren kann, so wie man für die Musik das Gehör schult.

Alexander bevorzugt im Praxisalltag einfache Vergleichsurteile. Dabei werden immer zwei Varianten einander gegenübergestellt und die bessere davon ausgewählt (Alexander, 2002). Das ist leichter als die absolute Beurteilung einzelner Varianten und auch leichter als eine direkte Auswahl aus drei oder mehr Alternativen.

In kollektiven Entscheidungsexperimenten ergeben sich erstaunliche hohe Übereinstimmungen. Alexander berichtet durchwegs von 80 bis 90 % Konsens. Die Verzerrung von Entscheidungen durch Fremdinteressen wird vermieden, indem die Betroffenen in Situationen gestellt werden, in denen störende Interessen ausgeschlossen werden können. Der Gestalter soll diesen Prozess als einfühlsamer Coach begleiten, nicht als Experte dominieren.

Auf dieser Grundlage ergeben sich durch konsequentes Weiterdenken neue Einsichten und Handlungsmöglichkeiten für viele wichtige Lebensbereiche, für die Wirtschaft, für die Politik und für unsere Gesellschaft insgesamt. Der Begriff Architektur erscheint stellvertretend für jede Form von menschlicher Gestaltung. So kommt man mit Alexander ausgehend von der Architektur zu einer allgemeinen Theorie des Lebens und zu einer Praxis der kreativen und partizipativen Entfaltung von Systemen.

2 Ausgangspunkte

Die Wirkung der Architektur

Gemäß Alexander wirken die physikalischen Strukturen der Welt als Rahmen für die Aktivitäten der Menschen, wobei die Architektur die Menschen besonders stark beeinflusst. In einer bequemen und entspannten Umgebung zu leben erleichtert ein konfliktfreies und produktives Leben. Lebt eine Familie dagegen auf engem Raum oder unter schlechten Bedingungen, so beeinträchtigt dies die Qualität der Beziehungen und die Fähigkeit, auf Störungen verschiedener Art zu reagieren.

Negative Beeinflussungen des Menschen verursachen bei ihm Stress. Der Stress bewirkt eine physiologische Aktivierung des Körpers, die dem Menschen eigentlich helfen soll. Die Ausschüttung von Adrenalin bewirkt eine erhöhte Leistungsbereitschaft des Körpers und Unempfindlichkeit gegen Schmerzen, um z. B. vor einer Gefahr wegzulaufen. Diese ursprünglich positive, körperliche Funktion von Stress ist jedoch schlecht an die psychischen Probleme und Lebenssituationen unserer Zeit angepasst. Wenn z. B. jemand unter Arbeitsplatzproblemen leidet, oder unter Zeitdruck eine gedankliche Arbeit fertig stellen muss, so hilft ihm eine Erhöhung von Puls, Blutdruck oder Blutzuckerspiegel nicht, sondern diese Faktoren belasten ihn noch zusätzlich. Neben der körperlichen Erschöpfung durch diesen Alarmzustand verliert der Mensch an Geduld und Sensibilität. Er hat deshalb für wichtige Dinge nicht mehr die notwendige Aufmerksamkeit.

Stress erscheint, so Alexander, wie ein einheitliches Phänomen der Belastung. Es ist sekundär, ob der Stress von Geldsorgen, physischen Schmerzen, Lärm oder blendendem Licht verursacht wird. Der Stress addiert sich wie in einem Reservoir und muss durch Entspannung früher oder später wieder abgebaut werden, wenn er nicht schaden soll. Je mehr sich aber das Stress-Reservoir eines Menschen füllt, desto weniger kann er von seiner Lebensrealität wahrnehmen und desto schlechter kann er mit seinen Problemen umgehen. In dem Maß, wie die Umgebung des Menschen Stress erzeugt oder abbaut, hat sie Einfluss auf seine menschliche Qualität. Das gilt besonders für die Architektur, aber auch für alle anderen Strukturen, die uns umgeben.

Das einfache Architekturmuster LICHT VON ZWEI SEITEN, das von Alexander beschrieben wird, fordert zum Beispiel, dass jeder Raum Licht von Fenstern in zwei Wandflächen bekommen soll. Dadurch können Menschen im Gespräch wechselseitig ihre Gesichter und alle Signale der nonverbalen Kommunikation besser erkennen. Dies verbessert die Gesprächsbedingungen und vermeidet den Aufbau von Stress. Die Ausleuchtungsänderung ist zwar klein, aber für die Kommunikation wichtig, ähnlich wie bei Vitaminen oder Katalysatoren, die auch in kleinsten Mengen wichtige Wirkungen haben.

Ein Verlust an Problemlösungskapazität ist gleich bedeutend mit dem Verlust der Fähigkeit, angemessen zu handeln. Dies entspricht gemäß Alexander einem Verlust an persönlicher Freiheit. Der freie Mensch kann in jeder Situation angemessen handeln. Eine lebensfeindliche Umgebung erzeugt tendenziell Verzweiflung, Hoffnungslosigkeit und Gewalt. Eine gute und lebensgerechte Umgebung hilft den Menschen, frei zu sein.

Die Mustertheorie will helfen, positive Lebensumgebungen zu gestalten. Sie ersparen den Menschen Konfliktsituationen und Stress und ermöglichen ihnen damit ein Maximum an Lebensqualität und Freiheit.

Zusätzlich stellt die Mustertheorie eine Methode zur Lösung von Problemen bereit, indem wiederverwendbare Problemlösungen zur Nutzung aufbereitet werden. Dies macht dann auch die noch verbleibenden Probleme weniger belastend.

Das mechanistische Weltbild

Das mechanistische Konzept zur Welterklärung kann man bis zu René Descartes, etwa bis ins Jahr 1640, zurückverfolgen. Er ist hauptsächlich für sein *„Ich denke, also bin ich"* (*„cogito, ergo sum"*) bekannt, aber er hat Anteil an einigen wichtigen Konzepten der Naturwissenschaft. Unter anderem hat er das nach ihm benannte kartesische Koordinatensystem eingeführt und als Erster eine methodische Beschreibung des wissenschaftlichen Arbeitens gegeben. Etwa empfiehlt er, schwierige Probleme so lange in einfachere Probleme zu zerlegen, bis die Teilprobleme überschaubar und lösbar werden (Descartes, 1984).

Descartes formulierte auch den methodischen Zweifel als Grundprinzip, das jeden Wissenschaftler dazu anhält, nichts für wahr zu halten, solange es nicht zweifelsfrei bewiesen ist. Dieser grundsätzliche Zweifel war eine explosive Idee, die ihn Konflikte mit der Kirche befürchten ließ. Er wich teilweise von Frankreich ins liberalere Holland und nach Schweden aus, wo er schließlich – noch im besten Alter – starb. Seine Hauptschriften sind vom Versuch getragen, dieses Zweifelselement durch demonstrative Glaubenstreue aufzuwiegen.

Seine wirkungsvollste Idee war jedoch das mechanistische Modell. Wenn man verstehen will, wie etwas funktioniert, so soll man sich vorstellen, es wäre wie eine Maschine. Man isoliere den Gegenstand des Interesses – z. B. das Rollen eines Balles oder das Fließen des Blutes im menschlichen Körper – so weit wie möglich von unnotwendigen Details der Umgebung. Dann erdenke man ein ähnlich aufgebautes mechanisches Modell, eine gedachte Maschine, deren Teile bestimmten Regeln folgen und die gewünschten Eigenschaften reproduzieren.

Der Beobachter steht außerhalb und vergleicht die Welt und den erdachten Mechanismus. Bei Abweichungen zwischen Welt und Modell wird das Modell so lange abgeändert, bis eine ausreichende Übereinstimmung hergestellt ist. Dann hat man eine Erklärung gefunden und versteht diesen Aspekt der Welt wie die Maschine. Diese Denkweise war ungeheuer erfolgreich

und bildete den Kern der heranwachsenden modernen Naturwissenschaft und Technik.

Diese mechanistische Methode hat nach Alexander jedoch
auch Probleme. Sie führt zu einer eingeschränkten Auffassung
der Realität und ihrer Eigenschaften, die nur Fakten über Mechanismen, ein Wahr-oder-falsch, einen direkten Zusammenhang
zwischen Ursache und Wirkung, zulässt. Das mechanistische
Denken identifiziert funktionelle Rahmebedingungen, und das
Modell muss sie erfüllen. Mit welcher Struktur das Modell dies
tut, ist unerheblich. So werden, und das kritisiert Alexander
energisch, Funktion und Geometrie zu zwei getrennten Aspekten
einer Struktur, die nicht viel miteinander zu tun haben.

Es wird in unserer naturwissenschaftlich geprägten Zeit für
einen Gutteil der Menschen immer schwerer, außerhalb mecha-
nistischer Kausalität zu denken. Die Wissenschaft betrachtet
selbst das Leben und den Menschen als eine Maschine. Sie
meint, dass der Mensch, wenn er überhaupt zu verstehen ist, nur
als Mechanismus verstanden werden kann. Es gibt hier eine
merkwürdige Intoleranz gegenüber anderen Denkansätzen, die
den Menschen nicht als determinierten Bioroboter verstehen.
Viele systemische Zusammenhänge wie z. B. in Gesellschaft,
Ökologie oder Psychologie werden als rein mechanische Abläufe
betrachtet, die man vorhersehen und unter Kontrolle halten
kann, wenn man nur über ausreichend Wissen über Zustände
und Kausalzusammenhänge verfügt.

Demgegenüber kann man die Auffassung Alexanders in
verdichteter Form zusammenfassen: *„Das mechanistisch-kausale
Weltbild entspricht in etwa der klassischen Physik des 19. Jahrhunderts, die das Universum als einen wertfreien Mechanismus
sieht, der von den Naturgesetzen regiert wird. Diese Sicht hat
große Fortschritte und Einblicke in die physikalischen Phänomene
gebracht. Gleichzeitig hat sie aber eine Stagnation in geisteswissen-
schaftlichen und gesellschaftlichen Bereichen eingeleitet. Descartes
wäre wahrscheinlich schockiert gewesen, dass die Menschen im 20.
Jahrhundert tatsächlich denken, dass die Realität ausschließlich so*

beschaffen ist. Er selbst meinte, dass es sich bei seiner Methode um ein Modell, um einen mentalen Kunstgriff handle.

Das Ergebnis des mechanistischen Weltbilds ist eine Beliebigkeit der Ideen und Werten innerhalb und außerhalb der Architektur mit zerstörerischen Konsequenzen für den Künstler. Zuerst verschwand durch Objektivierung das Ich aus dem Weltbild, dann das Verständnis für die Werte. Schließlich wurde die Kunst aus einem menschlichen Grundanliegen zu einem verzichtbaren Luxus. Mit dieser Entwicklung verloren die Ideen von Ordnung und Schönheit ihren Rückhalt und ihre Bedeutung. Wie eine Infektion hat das mechanistisch-kausale Weltbild unser Handeln beeinträchtigt und das Hervorbringen von Schönheit in der Architektur und anderen Strukturen fast unmöglich gemacht."

In der Mustertheorie gibt sich Alexander mit dieser eingeschränkten paradigmatischen Sicht der Naturwissenschaft nicht zufrieden, sondern sucht einen alternativen methodischen Weg, um Phänomene und Vorgänge in der Welt zu verstehen. Alles wird als lebendig betrachtet. Das Leben und die Lebendigkeit ist in der Mustertheorie der höchste Wert, der Organismus ist das Modell, die Entfaltung das Ziel.

Das Leben verstehen

Die traditionelle Wissenschaft definiert das Leben als einen Mechanismus, der in Zusammenhang mit biologischen Zellen und Organismen steht. Diese Definition wirft jedoch Probleme auf. Bekannt sind Abgrenzungsprobleme, z. B. ob nicht bereits Viren lebendig sind oder ab welchem Zeitpunkt ein befruchtetes menschliches Ei als eigenständiges Leben anzusehen und zu schützen ist. Man kann leicht erkennen, dass diese Fragen wesentlich davon beeinflusst sind, dass die Wissenschaft das Leben nicht als ein universales Phänomen betrachtet. Hinter diesen Detailfragen stehen also grundsätzliche wissenschaftlich-methodische Probleme.

Die traditionelle Definition von Leben als *biologischem Leben individueller Organismen* reicht gemäß Alexander auch nicht aus, um komplexe Ökosysteme zu verstehen. Gemeint sind gemischte

Systeme wie etwa eine Stadt oder eine Kulturlandschaft, die jeweils biologische und nicht-biologische Komponenten enthalten. Dies äußert sich so, dass sich die Wissenschaft mit diesen Systemen in ihrer ganzheitlichen Komplexität nicht beschäftigt.

Alexander beschreibt als Beispiel Südengland: Eine riesige von Menschen geschaffene Struktur und ein Paradebeispiel für eine Kulturlandschaft. Sie wurde über einen Zeitraum von etwa 1000 Jahren geschaffen und ist etwa 500 x 200 Kilometer groß. Die Menschen betrachten sie meist als Natur: Die wunderbare Anordnung von Städten, Dörfern, Feldern, Wäldern und Mooren, die sich von Cornwall bis Kent erstreckt, von der Südküste bis zu den Midlands. Tatsächlich handelt es sich aber um eine kunstvolle Gestaltung der Natur mit Hilfe nicht-biologischer Elemente und dauerhafter Prozesse der Bewirtschaftung. Die Felder, Gräben, Hecken, Weidewege, Straßen, Teiche, Brücken und Dörfer enthalten Pflanzen und Tiere in Formen, die wir auch in der Natur finden und der Natur zuschreiben, aber es ist eine von Menschen gemachte, künstliche ökologische Struktur.

Diese aktive Gestaltung von nicht-natürlichen lebendigen Strukturen bedeute viel mehr, als nur Natur zu bewahren. Sie sei von Anfang an eine viel schwierigere Aufgabe, weil sie der Erfindung bedürfe.

Diese Gestaltung ist den damaligen Menschen wohl deshalb gelungen, weil sie unter natürlichen Bedingungen lebend ihre Entscheidungen dezentral, autonom und äußerst ökonomisch trafen. Die gegenwärtigen Ballungen von Wirtschaftsmacht führen zu zentralistischen Entscheidungen ohne persönliche Betroffenheit und machen organische Entwicklungen fast unmöglich. Um heute noch Systeme wie Kulturlandschaften zu entwickeln, brauchen die Menschen eine tiefer gehende Theorie für das ganze Spektrum von biologischen und nicht-biologischen Systemen.

Im Weltbild Alexanders ist *Leben* ein allgemeiner Zustand, der graduell überall im Raum existiert. Jeder Gegenstand, jeder Stein, jede Meereswelle hat einen gewissen Grad an Lebendigkeit. Jedes Ding, jede einzelne physikalische Struktur in der Welt besitzt Leben. Steine, Gras, der Fluss, ein Bild, Gebäude, eine Blume, Menschen, eine Stadt, eine Wolke – alles ist mehr oder weniger lebendig, entsprechend seinem Grad der strukturellen Entfaltung.

Diese ganzheitliche Konzeption der Welt, wie sie Alexander entwirft, ergibt sich aus dem Verlangen, die Welt als System zu verstehen und in ihrer Ganzheit zu entwickeln und zu entfalten. Also wird *Ordnung* als allgemeine Eigenschaft von mathematisch-geometrischen Strukturen betrachtet. Alexander begründet das durch ein mathematisches und physikalisches Verständnis des Raumes. In dem hier beschriebenen Weltbild entspricht jede Art von struktureller Ordnung auch einem Grad von Leben. Auf diese Weise ist das Leben kein begrenztes mechanistisches Konzept und nicht beschränkt auf sich reproduzierende biologische Organismen.

Alexander geht davon aus, dass die Ordnung von Strukturen klar definiert ist, objektiv existiert, wahrgenommen werden kann, im Prinzip auch messbar ist. Das gilt auch für den davon abgeleiteten Grad an Lebendigkeit. In einer solchen mentalen Welt wird es einfach, Gestaltung als den Versuch zu verstehen, in den Dingen eine lebendige Ordnung zu erzeugen, einem Gebäude so viel Leben wie möglich zu verleihen. So wie die Ökologie regt uns diese Denkweise an, eine Architektur zur Bewahrung und Unterstützung des Lebens anzustreben. Die Verwendung von Energie, Materialien und anderen Ressourcen soll im Einklang sein mit der nachhaltigen Nutzung der Erde als harmonisches Ökosystem.

Leben als allgemeines Phänomen hat gemäß Alexander typische Erscheinungsformen. Es besitzt vielfältige Strukturen und Ordnungen, aber nicht solche mit übertriebener mathematischer Exaktheit, sondern in einer der Situation angepassten entspannten Form, mit Ecken und Kanten, individuell, auch abgenutzt. Das entspricht dem normalen Leben, das nichts mit modischer Kunst, Design oder Image zu tun hat. Das Alltagsleben erscheint intakt, wenn Dinge einfach gut zusammenpassen, wenn Menschen sich in ihrer Situation und Umgebung wohlfühlen, wenn es um existenzielle und reale Dinge geht, wenn einfache Freude oder Leid erfahren wird.

Diese Hypothese Alexanders ist ziemlich einfach, aber sie ist sicherlich nicht so ohne weiteres zu etablieren. Es erfordert ein Umdenken, das unser Weltbild radikal verändert. Alexander präsentiert in *The Nature of Order* auf über 2000 Seiten Argumente und Beispiele, die seine Denkweise plausibel machen (Alexander, 2002-2005). Dabei geht es um eine begrifflich und methodisch klare Theorie, die mit einer wissenschaftlichen Weltauffassung kompatibel ist.

Die Suche nach der Ordnung der Natur

Gemäß Alexander erleben wir Ordnung überall in der Welt, jedoch ohne die passenden Konzepte zur Beschreibung dieser Ordnung zu haben. Die Menschheit hat Milliarden von Gebäuden und Gebrauchsgegenständen gemacht und die Erde wird von diesen erzeugten Ordnungen dominiert. Wir Menschen produzieren Tag für Tag Ordnung, ohne zu wissen, worum es sich dabei handelt. Um die Natur als Ganzes zu verstehen, dürfen wir sie nicht sofort analytisch in Stücke zerlegen. Zusätzlich braucht man sprachliche Grundbegriffe als Werkzeuge, um über alle Phänomene der Welt synthetisch sprechen zu können. Dann erst werden Ordnungen begreifbar, die dem analytischen Denken bisher schlecht zugänglich waren.

Natürlich gibt es tradierte Vorstellungen von Ordnung. Wir haben den hierarchischen Ordnungsbegriff, der aus den gesellschaftlichen und militärischen Hierarchien kommt. Er dient im übertragenen Sinn auch zur Einteilung und Kategorisierung, etwa in Bibliotheken oder Verzeichnissen. Wir kennen Ordnung auch als Regelmäßigkeit, etwa in der Geometrie von Kristallen oder der Aufstellung von Weinstöcken. Wir sprechen von Ordnung auch bei Regeln und Gesetzen, sei es im Staat oder bezogen auf die Natur. Die Physik bietet uns gesetzliche Ordnungen, etwa der Mechanik, der Thermodynamik, der Kristallografie oder der Chaostheorie. Es gibt Theorien über die Entstehung der Elementarteilchen und der Materie der Sterne und des Kosmos.

Die Biologie untersucht die morphogenetischen Prozesse der Entstehung lebendiger Organismen. Alles, was wir verstehen, erscheint uns als durch unsere Gedanken geordnet. Aber dieses vielgestaltige, historisch gewachsene Ordnungsverständnis ist uneinheitlich und macht den Ordnungsbegriff für die Untersuchung der Natur weitgehend unbrauchbar. Ordnung kann kein Aspekt der menschlichen Interpretation sein, sondern entsteht als Struktur in allen Prozessen.

Was aber soll untersucht werden? Es geht Alexander um die Natur, also fragt er: Was ist die Ordnung in einem Blatt oder den sich brechenden Meereswellen? Es geht um Kunst, also: Was bedeutet Ordnung in einer Buddhastatue, einem Bild von Picasso oder einer Symphonie von Mozart? Es geht um Architektur, also: Was ist die Ordnung der Alhambra oder der Altstadt von Venedig? Was ist das Gemeinsame und das Unterscheidende all dieser Gegenstände und Strukturen? Was ist dem Blatt, der Buddhastatue und der Alhambra gemeinsam? Wie sind sie in ihrer Struktur und Funktion zu verstehen? Welche Eigenschaften sind ihnen gemeinsam? Aus welchen Prozessen entstehen sie? Zuletzt: Wie kann man dieses Wissen zur Gestaltung der Welt zusammenführen?

Was bedeutet Leben in Bauwerken? Was ist das Wesentliche an der Struktur einer lebendigen Welt? Wann lebt eine Struktur? Wir brauchen, so Alexander, für diese Fragen einen neuen Begriff von Ordnung, der in Bezug auf Gestalt und Funktion ausgewogen ist. Diese beiden Eigenschaften scheinen unterschiedlich und unabhängig, sind aber nur zwei Aspekte derselben Art von Ordnung, mit der unsere Gefühle untrennbar verbunden sind. Alexander verlangt dafür eine neue Form der Wahrnehmung und der Beschreibung von Strukturen, ein transzendentales Weltbild von Raum und Materie.

Wenn dieser Kraftakt des Verstehens gelingt, dann könnte, meint Alexander, eventuell eine Kluft überbrückt werden, die von Alfred North Whitehead die *Bifurkation der Natur* genannt wurde. Gesucht ist ein Neudenken des Objektiven und des Subjektiven, eine Verbindung von Intellekt und Gefühl.

Alexander sieht Lebendiges sowohl im Strukturellen als auch im Persönlichen verwurzelt. Er schlägt einen Ordnungsbegriff vor, der mit unserer Alltagsvernunft und der Wissenschaft verträglich ist, praktische Erklärungskraft besitzt und unsere Intuition über Schönheit und Qualität unterstützt. Alexander verändert durch diesen Ordnungsbegriff nicht nur unsere Einstellung zur Architektur, sondern unsere gesamte Sicht des Universum.

Das Konzept der Materie ruht auf unseren Vorstellungen von Anordnungen im Raum. Es geht Alexander um das Wesen von Raum und Materie, um ein neues Bild der Ordnung im Universum. Dieses Konzept soll dazu geeignet sein, die Gestaltungskraft im Dienste der Menschen und des Lebens zu stärken.

3 Die Mustertheorie

Dieses Kapitel arbeitet sich von einfacheren zu komplizierten und von den statischen zu den dynamischen Konzepten vor. Es beginnt mit den Grundbegriffen *Zentrum* und *Ganzheit*. Dann geht es um die *Eigenschaften* des Lebens und ihre gefühlsbasierte *Wahrnehmung*, in der Folge um *Transformationen* und *Prozesse*. Den Abschluss bilden die *Muster* und die *Mustersprachen*, die als theoretische Bausteine und Rahmen für das Verständnis und die Gestaltung von Systemen dienen.

Grundbegriffe: Das Zentrum und die Ganzheit

Jede Systemtheorie benötigt einen Begriff zur Bezeichnung abstrakter Systemelemente. Manche Theoretiker verwenden den Begriff *Element*, andere den Begriff *Objekt*. Alexander, der sich vorwiegend auf dingliche und räumliche Strukturen konzentriert, verwendet den Begriff *Zentrum*. Er meint damit Strukturelemente, also konkrete, erkennbare, geometrische, räumliche Strukturen oder Bereiche. Im Grunde kommt es auf das Wort nicht an, das hier eingesetzt wird, jedoch scheint das Wort *Zentrum* gut gewählt. Er funktioniert z. B. besser als der Begriff *Objekt*, der die Assoziation selbständig existierender, voneinander getrennter Dinge erzeugt. Der Begriff *Zentrum* funktioniert auch besser als der Begriff *Element*, der die Assoziation eines unselbständigen Teiles erzeugt.

Wenn wir Systemelemente als Zentren bezeichnen, wird ihre Funktion betont. Ein Zentrum ist immer *Zentrum von etwas*, also ein Teil eines größeren Systems und Mittelpunkt eines dynamischen Austausches. Zumindest stellen wir es uns in der Alltagssprache so vor: Wir erwarten, dass ein Zentrum mit Aktivitäten und Austausch zu tun hat. Jedes Zentrum hat auf diese Weise für sich eine Bedeutung und eine Daseinsberechtigung.

Ein Zentrum könnte aber eine Funktion nicht erfüllen, wenn es nicht auch eine innere Struktur haben könnte, auf die sich seine Bedeutung gründet. All das sind richtige Assoziationen, die schon weit in das Weltmodell der Mustertheorie hineinführen, obwohl wir uns noch in völlig abstrakten Überlegungen befinden.

Wenn wir etwa ein Wohnhaus als Zentrum betrachten, so steht es tatsächlich im Mittelpunkt der Lebensprozesse konkreter Menschen. Das Wohnhaus ist Teil einer größeren Struktur, etwa einer Stadt, die man auch wieder als Zentrum bezeichnen kann. Das Wohnhaus hat eine Bedeutung und eine konkrete Funktion, die sich aus seiner inneren Struktur ergeben. Das Wohnhaus besteht etwa aus den Räumen, dem Dach, der Eingangstür und vielen anderen Teilen mit Gestalt und Funktion. Diese Teile können wiederum als Zentren betrachtet werden. Jedes Zentrum kann wiederum aus weiteren Zentren bestehen. Ein Dach etwa aus dem Dachstuhl und den Dachziegeln. Die Eingangstür aus Türblatt, Türangeln und Türschloss. Die meisten Zentren haben also über-, unter- und nebengeordnete Strukturen und Zentren.

Ein weiterer wichtiger Begriff ist die *Ganzheit*. Ganzheitlichkeit spielt in vielen Denkrichtungen eine große Rolle. Es geht um Phänomene, die sich nur im Zusammenspiel aller Elemente ergeben, z. B. erschließt sich die Wirkung einer Symphonie nicht aus den Einzeltönen. Zentren sind immer deshalb Zentren, weil sie eine Rolle in der Konfiguration als Einheit spielen. Das Haus ist ein Zentrum in der größeren Ganzheit der Stadt. Sie ist nicht in Stücke zerlegbar, ohne dass wesentliche Aspekte darunter leiden. Jede Ganzheit ist wiederum Teil größerer Ganzheiten, bis zur Erde als ökologischem Ganzen und bis zum Universum als dem allumfassenden Ganzen.

Eine Ganzheit existiert als funktionelle Einheit vor den Zentren, die in der Ganzheit entstehen und existieren. Das Universum war, bevor die Erde entstand, und die Erde war vor den Städten. Ein Baum existiert als ganzheitlicher Organismus in verschiedenen Formen, als Same, Keim und Trieb, bevor er seine endgültige Form erlangt. Die Ganzheit Same-Keim-Trieb-

Baum existiert im Zeitablauf vor dem Auftreten von Ästen und Blättern. Zentren formen sich immer innerhalb einer schon vorher bestehenden Ganzheit.

Die Stärke eines Zentrums, seine Ausprägung, ist ein Resultat vieler Faktoren, nicht nur der inneren Gestalt. Eine Blüte besteht nicht aus selbstständigen Teilen wie Staubgefäßen oder Blütenblättern, sondern diese entstehen aus ihrer funktionellen Rolle und durch ihre geometrische Anordnung in der Ganzheit der Blüte. Die Formen entstehen in den Prozessen und sind verursacht und geformt durch das Ganze.

Die offensichtlichen Zentren sind jene Strukturelemente, an die wir uns nach dem Betrachten erinnern können: Die Dinge in ihrer räumlichen Anordnung und ihrem Zusammenwirken. Etwa Bäume neben einer Straße, der Garten eines Hauses oder der Weg im Garten. Andere Zentren sind weniger offensichtlich und entstehen z. B. durch funktionelle Gegebenheiten: etwa als Licht und Schatten, oder die Verwendung des Gartenteichs durch eine Entenfamilie.

Es gibt auch versteckte bzw. latente Zentren. Diese existieren noch nicht, können aber mit wenig Aufwand erzeugt werden. Gerade diese latenten Zentren spielen für die natürliche Entfaltung eines Systems, etwa durch den Menschen, eine große praktische Rolle.

Eine leere Stelle im Garten kann als potentieller Platz für einen Baum erkannt werden und zu einer entsprechenden Anpflanzung führen. Jahre später ist im Schatten des Baumes Platz für Tisch und Bänke, Kinder spielen, Menschen unterhalten sich, ein Stück Lebendigkeit ist entstanden.

Die Ganzheit eines räumlichen Bereiches besteht also aus der gesamten Konfiguration der ineinander verschachtelten und vernetzten Zentren. Man kann von *Rekursivität* sprechen, wenn wir dem Strukturaufbau gedanklich in immer kleinere Details folgen, oder wenn wir ein System *top-down* von den grundsätzlichen, großräumigen Erscheinungen her räumlich-hierarchisch bis in die Details hinein betrachten.

Ganzheit ist etwas Globales, das leicht gefühlt und verstanden werden kann, das aber als abstrakte Bedeutung schwer in Worten zu fassen ist. Wenn wir die Ganzheit statisch betrachten, kann man auch den Begriff *Fraktalität* verwenden, der die unendliche Strukturierung und Vielfalt der Individualisierung bei gleichzeitiger Ähnlichkeit der Formen und Prinzipien ausdrückt. Fraktalität bedeutet eine Verbindung von räumlicher Hierarchie, struktureller Ähnlichkeit, individueller Vielfalt und funktionaler Selbstorganisation.

Der *Raum* schließt das kulturelle Milieu mit ein. Die Ganzheit enthält verschiedene Arten von Zentren, die ihren Ursprung z. B. in der Biologie, der Physik, in der reinen Geometrie, in der Farbe, in raum-zeitlichen Abläufen haben. Ganzheit existiert immer, gut oder schlecht, stark oder schwach. Die Qualität dieser Ganzheit bestimmt, so Alexander, die wahrgenommene Lebendigkeit.

Jede Ganzheit besteht aus Zentren. Leben entwickelt sich gemäß Alexander aus der Ganzheit auf folgende Weise: Zentren sind die grundlegenden Strukturelemente von Ganzheit im Raum. Sie enthalten kleinere Zentren und sind Teil von größeren. Zentren unterstützen einander in geometrischen und funktionalen Beziehungen und sind lebendig entsprechend ihrer Dichte und Intensität.

Wichtiger noch als die individuelle Wirkung der Zentren ist nach Alexander das Zusammenwirken und die gegenseitige Abhängigkeit und Unterstützung. Alle Systeme in der Welt haben ihr Leben aus der Kooperation und Wechselwirkung der lebendigen Zentren, die in ihnen enthalten sind. Nichts hat Leben aus sich allein. Jedes Zentrum wirkt auf andere Zentren und unterstützt andere Zentren. Ohne eine gewisse Dichte und Intensität von Zentren entsteht keine Lebendigkeit.

Alexander folgend können wir davon ausgehen, dass die funktionale Lebendigkeit mit der gestaltorientierten, geometrischen Lebendigkeit eng verbunden ist. Damit wird die Gestalt genauso elementar und wichtig wie die Funktion. Zentren beeinflussen sich geometrisch wie funktionell. Diese beiden Aspekte sind untrennbar miteinander verbunden, als Perspektiven des gleichen Phänomens von Ordnung und Lebendigkeit.

Um die Lebendigkeit von Gebäuden zu verstehen, ist es notwendig, Ganzheit und Zentren als abstrakte Konzepte zu definieren. Die Intuition sagt uns, dass Gebäude *als* Ganzheit und *in* der Ganzheit wirken, als Teile eines ausgedehnten und unteilbaren Kontinuums. Das Feld der Zentren bestimmt nicht nur das Aussehen von Gebäuden, sondern auch tief gehend und vollständig die Art und Weise, wie sie funktionieren. Alexander meint, dass wir Ganzheit als Struktur betrachten und in alle Überlegungen einbeziehen sollen.

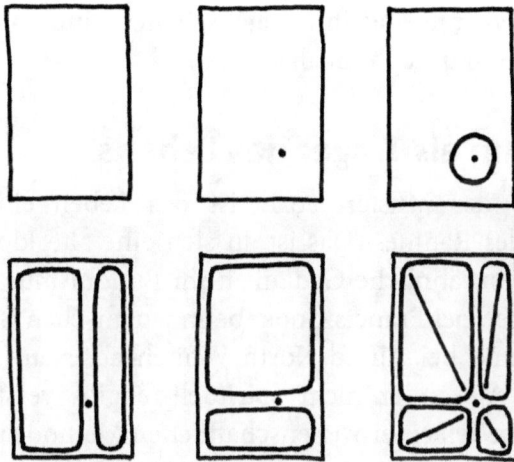

Bild 1: die latenten Strukturelemente rund um einen Punkt auf einem Blatt Papier

Ganzheit ist die Struktur aller kohärenten Elemente in einem Teil des Raumes. Ein einzelner Punkt auf einem Blatt Papier beinhaltet viele Strukturelemente, z. B. das Blatt selbst, den Punkt, das Halo – den ringförmigen Hof der unmittelbaren Umgebung rund um den Punkt –, die durch den Punkt als Teilungspunkt entstandenen Rechtecke der oberen, unteren, linken und rechten Blatthälften, die vier virtuelle weiße Bahnen ausgehend vom Halo in die vier Richtungen, die vier Ecken des Blattes, die vier Diagonalen usw.

Alexander führt zunächst qualitativ beobachtend an, dass Elemente oft

- äußere Grenzen besitzen,
- eine innere Struktur haben,
- Regelmäßigkeiten wie lokale Symmetrie besitzen,
- homogen im Vergleich zur Umgebung sind,
- eine konvexe Gestalt haben.

Das ist jedoch nur der Beginn solcher Beobachtung. Das Konzept der Ganzheit führt dazu, Zentren verschiedene Grade an Lebendigkeit und Wertigkeiten zuzuordnen. Die betrachteten Strukturelemente und ihre Eigenschaften sind, laut Alexander, mathematisch und physikalisch real.

Der Raum als Träger des Lebens

Gemäß der Mustertheorie ist das Leben eine Folge der Struktur des Raumes. Das ist an sich eine alte Idee. Alexander berichtet von ähnliche Gedanken im Buddhismus, im Weltbild der Indianer, bei Francis Cook, beim japanischen Biologen Kinji Imanishi und bei Alfred North Whitehead. Neu ist, dass diese Idee von Alexander nicht spirituell-religiös verstanden wird, sondern ein Teil einer wissenschaftlichen Methode ist.

Alexander sieht das Leben als Folge der Existenz des Raumes. Das Leben entfaltet sich auf Grund einer im Raum vorhandenen Kraft oder Potentialität. Dieses Modell mag ungewöhnlich erscheinen, Alexander tut aber nichts anderes als Physiker, die von fallenden Gegenständen auf eine hypothetische unsichtbare Schwerkraft als Ursache geschlossen haben. Sie bestimmt die Bahnen der Planeten und Sterne ebenso wie das Fallen von Blättern oder Äpfeln. Überall wo Materie ist, wirkt die Schwerkraft.

Ähnlich geht Alexander vor. Er abstrahiert die Strukturen des Universums und die Prozesse, die zu diesen Strukturen führen. Er konzeptualisiert das als *Leben* und führt diese allgegenwärtige

Potentialität auf das einzige physikalische Phänomen zurück, das so universell verfügbar ist, dass es als Grundlage dafür in Frage kommt: auf den *Raum*. So wie die Physiker fragt er nicht weiter, er lässt die Interpretation dieses *Warum der Lebendigkeit* als Frage offen. Auch die Physik fragt nicht nach dem *Warum der Schwerkraft*.

So erscheint Leben als ein Phänomen, das sich im Raum spontan entfaltet, als strukturelle geometrische Komplexität. Die Beziehung zwischen Zentren als geometrische und funktionelle Unterstützung ist dabei von besonderer Bedeutung. Jedes Zentrum hilft den anderen Zentren, lebendiger zu werden. Der Raum als Ganzheit strebt danach, sich zum Leben zu entfalten. Hier haben wir ein unkonfessionelles spirituelles Element, ein Alexander'sches *a priori*: Vor allem anderen existiert der Raum als kreativer Urgrund für das Leben.

Es liegt auf der Hand, dass in diesem Bild der Raum kein leeres Nichts sein kann. Alexander verwendet das Bild eines aktiven, dynamischen Raumes. Dies passt gut zu letzten Erkenntnissen der modernen Physik (siehe dazu den Abschnitt *Die moderne Physik*).

Die fünfzehn Lebenseigenschaften

Zentren, Ganzheiten und Grenzen kommen überall in der natürlichen Welt vor, weil eine räumliche Differenzierung allgegenwärtig ist. Verschiedene räumliche Zonen unterstützen verschiedene Arten von Leben. Die Stärke eines Zentrums ist, so Alexander, ein Maß für seine organisatorische Qualität und seinen Beitrag zur Lebendigkeit. Deswegen betont er, dass im kreativen Gestaltungsprozess die Zentren immer mit großer Sorgfalt geschaffen werden müssen.

Alexander hat im Laufe der Zeit tausende Systeme der Natur, der Kunst und Architektur untersucht. Dabei war er bestrebt, den wahrgenommenen Lebendigkeitsgrad – davon wird im nächsten Abschnitt die Rede sein – auf einfachere Merkmale zurückzuführen. Er identifizierte dabei fünfzehn Eigenschaften, die sich in lebendigen Dingen immer wieder finden (Alexander,

2002). Alexander zeigt auch, dass diese Lebenseigenschaften in der gesamten natürlichen Welt auftreten.

Durch diese fünfzehn Eigenschaften gewinnt man ein Verständnis für den physikalischen und geometrischen Charakter, den lebendige Systeme haben. Diese Eigenschaften treten auf, weil es bestimmte grundsätzliche Möglichkeiten gibt, wie Zentren durch andere Zentren gestärkt werden. Zentren entstehen und verändern sich in Verbindung mit den fünfzehn Lebenseigenschaften. Durch die damit verbundenen Begriffsbildungen erhöhen sich die Möglichkeiten, Beobachtungen zu machen und Erfahrungen zu gewinnen und auszutauschen.

Alexander zeigt, dass die ganzheitliche Struktur der Zentren keine gedankliche Konstruktion ist, sondern dass sie objektiv mit dem funktionellen und praktischen Verhalten der natürlichen Welt verbunden ist. Zum Beispiel sind bei einem Blatt die härteren Rippen und die Weichteile keine Frage menschlicher Interpretation. Die Rippen sorgen für die physikalische Stabilität des Blattes, während in den Weichteilen vorwiegend die chemischen Prozesse der Photosynthese, der Energiegewinnung und des Substanzaufbaus stattfinden.

Für die allgemeine Verwendung bedürfen die Lebenseigenschaften einer verallgemeinernden Abstraktion. Wenn wir etwa von der Eigenschaft *Grenze* sprechen, so hat Alexander die Grenzen natürlicher Dinge im Blickpunkt, wie die Zellmembran eine Zelle und die Böschung eines Flusses, oder architektonische Grenzen wie die Außenwand eines Hauses oder die Grenze zwischen Fußgängerbereich und Fahrbahn. Es sollte aber klar sein, dass es nur konsequent ist, mit der gleichen Sichtweise auch die unsichtbaren geometrischen Grenzen von Staaten zu betrachten, oder die ideellen Grenzen von sozialen Gruppen.

Eigenschaftsdiagramme

Beim Vortragen und Lehren der fünfzehn Eigenschaften entstand beim Autor schnell der Wunsch nach Visualisierung. Mit der Zeit entstanden die entsprechenden Diagramme, die ab der zweiten Buchauflage den Beschreibungen der Eigenschaften beigefügt sind. Die Diagramme machen es leichter, die Bedeutung der Eigenschaften zu erfassen. Alle fünfzehn Diagramme finden sich gemeinsam im Anhang (siehe Anhang 3: *Übersicht Eigenschaftsdiagramme*).

Eigenschaft 1: Größenstufen

Alexander beobachtet und dokumentiert, dass Zentren häufig in abgestuften Größenklassen auftreten. Betrachten wir etwa einen Baum, so finden wir mit dem Stamm, den Ästen und Zweigen z. B. große, mittelgroße und kleine Teilstrukturen und – und je nach Baumart – bestimmte Größenverhältnisse. Man könnte das auch als Proportionen bezeichnen, aber künstlerische Proportionsbegriffe, etwa z. B. der Goldene Schnitt, decken sich damit nicht. Größenverhältnisse von 1:2 bis 1:4 bewähren sich gemäß Alexander offenbar sehr gut, seltener findet man Verhältnisse bis 1:10, noch seltener Verhältnisse bis 1:20. Es gibt keine Theorie, die das Auftreten solcher Größenabstufungen erklärt. Aber – erklärbar oder nicht – wir haben es mit einer Eigenschaft zu tun, welche die ganze Natur durchdringt.

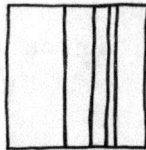

Diagramm 1: Größenstufen

Wenn wir es abstrakter als Alexander betrachten: In Zellen finden wir abgestuft Zellmembran, Organellen, Zellkern, Chromosomen. In Organisationen gibt es meist abgestufte Gehälter oder Raumausstattungen. Ein Buch – wie dieses – gliedert sich oft in größenmäßig abgestufte Kapitel und Absätze.

Eigenschaft 2: Starke Zentren

Gemäß Alexander treten starke Zentren vorwiegend in solchen Ganzheiten auf, die selbst auch starke Zentren sind. Oft ist diese Eigenschaft verbunden mit lokaler Symmetrie. Oft haben starke Zentren eine stärker ausgeprägte innere Struktur als die Zentren ihrer Umgebung. Viele natürliche Systeme habe Zentren, die mit wichtigen Prozessen verbunden sind. Man denke etwa an den Zellkern in einer Zelle, in dem ständig genetische Informationen ausgelesen und zur Produktion von Proteinen verwendet werden. Obwohl wir physikalische symmetrische Kräfte verständen – wie z. B. die kugelsymmetrische Schwerkraft – und es ähnliche chemische Konzentrationsverteilungen gebe, fänden wir, so Alexander, für das Auftreten solcher starker Zentren keine allgemeine naturwissenschaftliche Erklärung.

Diagramm 2: Starke Zentren

Abstrakt betrachtet: Eine biologische Zelle hat einen Zellkern. Eine Firma oder Organisation hat einen Vorstand. Eine Schulklasse funktioniert mit einem Lehrer als Zentrum. Eine Sportmannschaft braucht einen Kapitän. Jeder Planet kreist um eine verhältnismäßig große Sonne. Kinofilme werden häufig rund um einen berühmten Filmstar als Attraktion gedreht. Die meisten Geschichten haben eine Hauptperson als Zentrum der Handlung.

Eigenschaft 3: Grenzen

Viele Zentren haben ausgeprägte Grenzen. Nach Alexander hat eine Grenze hat vor allem zwei Funktionen: Einerseits verstärkt sie die innerhalb liegende Ganzheit, und andererseits verbindet sie das Innere mit der Umgebung. Im Allgemeinen haben Grenzen eine beträchtliche Ausdehnung, zumindest in der Größenordnung des Zentrums. Besonders breite Grenzen treten dann auf, wenn zwei sehr unterschiedliche Phänomene miteinander in Beziehung treten. Eine effiziente Grenzzone entlang eines Flusses kann etwa das Flussufer, eine Mauer, einen Fußweg, Bäume und eine Straße umfassen und erstaunlich breit sein. Die Zone der Wechselwirkung ist laut Alexander fast so wichtig wie die beiden Bereiche, welche die Grenze trennt. Man denke an die Zellmembran einer organischen Zelle, die alle Substanzen reguliert, die in die Zelle hinein und aus ihr heraus transportiert werden. Man denke an die Elektronenhüllen der Atome, die alle chemischen Bindungen und chemischen Eigenschaften begründen. Grenzen sind ein allgemeines Phänomen in der Natur, aber es gibt keine allgemeine Erklärung für ihre Existenz.

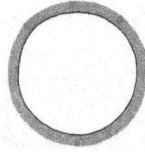

Diagramm 3: Grenzen

Allgemeiner betrachtet: Staaten bewachen oder schützen ihre Grenzen. Organisationen ziehen Zugehörigkeitsgrenzen um ihre Mitglieder oder Arbeitnehmer. Eltern bestimmen Grenzen für das akzeptable Verhalten ihrer Kinder. Veranstaltungsorte, wie Kinos oder Sportstadien, haben Zutrittsgrenzen. Bereiche wie Kunst oder Wissenschaft definieren methodische Grenzen.

Eigenschaft 4: Rhythmische Wiederholung

Wiederholungen sind uns aus der Ornamentik und aus der Musik vertraut. Rhythmische oder alternierende Wiederholungen werden, so Alexander, gegenüber einfachen Wiederholungen bevorzugt, denn sie wirken lebendiger. Es gibt oft zwei Teilsysteme von Zentren, die sich parallel wiederholen, so wie Berge und Täler, Bäume und Lichtungen, Blätter und der Raum dazwischen. Das zweite System verstärkt das erste durch eine kontrapunktische Opposition. Die Wiederholung in Systemen ist nicht immer identisch, sondern es finden kleine Variationen statt, die mit der Entwicklung der Ganzheit übereinstimmen. In der Musik wird etwa der Grundrhythmus wie der Schlag einer Trommel durch die Variationen anderer Rhythmusinstrumente noch betont, wobei ein Gesamteffekt entsteht. Die Zweitsysteme sind dabei keine Lückenfüller, sondern in sich selbst ruhende, konsistente Systeme mit ihren eigenen Gesetzmäßigkeiten.

⌒·⌒·⌒

Diagramm 4: Rhythmische Wiederholung

Wir können abstrahieren: Eine Bahnlinie strukturiert sich als Folge von Stationen und den Strecken dazwischen. Eine Show besteht aus einer Abfolge von Nummern, strukturiert durch Moderation und Beifall. Serienautoren folgen oft dem Schema eines Genres, das sie ausprägen und variieren. Eine Zeitung enthält Substrukturen von Überschriften, Artikeltexten und Bildern.

Eigenschaft 5: Positiver Zwischenraum

Wenn sich Zentren im Raum ausdehnen und ihn zunehmend erfüllen, wie bei reifem Mais sich Korn an Korn reiht, so kommen sie in direkten Kontakt. Jede einzelne Komponente wird wohl geformt. Es handelt sich um eine Form des Energieausgleichs und der exakten Adaptierung an die lokale Umgebung. Wahrscheinlich ist es einfach und natürlich, dass dabei vor allem kompakte und konvexe Formen auftreten. Dabei passen sich die Zentren aneinander an und bestimmen auch den zwischen ihnen befindlichen restlichen Raum. Der Zwischenraum der Umgebung wird dadurch ebenfalls positiv und schön.

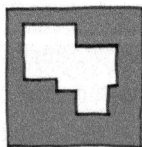

Diagramm 5: Positiver Zwischenraum

Die Raumausnützung in einer Stadt bestimmt die Hausformen ebenso wie den positiven Raum dazwischen, die Plätze und Verkehrswege. Noch abstrakter betrachtet würde diese Eigenschaft einer positiven Komplementarität entsprechen: Einem dichten System von Sportarten steht dann eine sportbegeisterte Öffentlichkeit gegenüber. In einem erfolgreichen Projektteam wird die Zusammenarbeit durch einen besonderen Teamgeist vermittelt.

Eigenschaft 6: Besondere Form

Alexander sagt, dass besondere Formen aus einfacheren Formen entständen, die sich optimal an lokale Kräftesituationen anpassten. So entsteht aus der hochsymmetrischen Kugel eine Ei- oder Tropfenform, und ein dreieckiges Segel bauscht sich durch die Kraft des Windes. Eine Schnur oder Kette bildet hängend eine den lokalen Kräftegleichgewichten angemessene Form. Oft entstehen laut Alexander regelmäßige oder spiegelsymmetrische Gebilde. Oft bilden besondere Formen ein ausgeprägtes Zentrum im umgebenden positivem Raum und eine deutliche Grenze gegen die Umgebung. Aus der Kompaktheit entsteht das Gefühl von Geschlossenheit und Vollständigkeit. Besondere Form erhöht oft die Funktionalität, man denke wieder an das Segel oder die aerodynamischen Formen im Fahrzeug- und Flugzeugbau. Diese Formen sind auch wirksam. Viele natürliche Systeme entwickeln schöne Formen: eine sich brechende Welle, eine Muschel, der Bogen eines Wasserfalls oder die Hufe eines Pferdes.

Diagramm 6: Besondere Form

Abstrakt betrachtet geht es um das Phänomen der optimalen Anpassung: Das Zusammenwirken von Instrumentalmusik und Stimme oder die enge Symbiose zwischen Mutter und Kind. Die Form alter Torbögen, Kuppeln oder Brücken ergab sich aus den Notwendigkeiten von Material und Statik.

Eigenschaft 7: Lokale Symmetrie

Symmetrie ist vermutlich die traditionell am meisten beachtete der fünfzehn Lebenseigenschaften. Jedoch wirken, so

Alexander, starre und hohe Symmetrien nicht lebendig. Bei Experimenten stimmen Versuchspersonen darin überein, dass eher vielfältige lokale Symmetrien und überlappende Teilsymmetrien eine positive Wirkung haben. Der Grundriss der Alhambra hat z. B. gar keine Gesamtsymmetrie, aber es gibt unzählige lokale Symmetrien in Teilen der Architektur. Symmetrie entspricht dem Prinzip der einfachsten Lösung, wenn kein Grund für den höheren Organisationsaufwand einer asymmetrischen Lösung gegeben ist. Eine Kugelfläche minimiert z. B. die Oberflächenenergie.

Diagramm 7: Lokale Symmetrie

Anderseits gibt es auch in der Gesellschaft vielfältige Symmetrien wie zwischen Macht und Kontrolle, zwischen Lehrern und Schülern, zwischen Mann und Frau (eine ausgewogenere Symmetrie zwischen den Geschlechtern würde der Lebendigkeit der Gesellschaft vermutlich sehr gut tun!). Ebenso gibt es funktionale Symmetrien, wie zwischen dem Produzieren und dem Konsumieren, oder gedankliche Symmetrien, wie zwischen Wissenschaft und Kunst.

Eigenschaft 8: Zweideutige Durchdringung

Alexander beobachtet entlang von Grenzen innige Formen der Durchdringung, die eine Zuordnung zum Zentrum oder seiner Umgebung, zum Diesseits oder Jenseits der Grenze schwierig machen. Es gibt eine räumliche Zweideutigkeit in einer Zone, die sowohl zum Zentrum, als auch zur Umgebung gehört. Die tiefe Durchdringung erlaubt eine besonders intensive Wechselwirkung entlang der Grenzflächen. Man denke an die Mäander von Flüssen, bei denen die Orientierung im Flussgebiet schwerfällt. Auch in großen Flussmündungen am Ozean ist es – mit den bereits vorhandenen Einflüssen von Ebbe und Flut und dem Gemisch von Salzwasser und Süßwasser – unklar, ob eine Zone noch dem Fluss oder schon dem Meer zuzurechnen ist. Ambivalenz scheint nach Alexander durch vielfältige Variationen auch besondere Lebenschancen zu erzeugen.

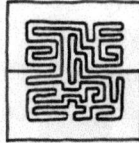

Diagramm 8: Zweideutige Durchdringung

Abstrakter: Verflechtungen von Politik und Wirtschaft führen oft zu tiefen Durchdringungen und unklaren Zweideutigkeiten. Auch die Grenze zwischen „männlich" und „weiblich" ist nicht klar definiert, sondern bildet eine Sphäre, in der viele Spielarten von Selbstverständnis und Sexualität möglich sind. Religion findet oft im Spannungsfeld zwischen Dienst am Menschen und Machtausübung statt. Viele Phänomene besitzen eine unauflösliche innere Widersprüchlichkeit und Zweideutigkeit.

Eigenschaft 9: Kontrast (Differenz)

Die Differenz zwischen Gegensätzen lässt Neues entstehen, es ist das Merkmal der Unterscheidbarkeit schlechthin. Leben kann nicht existieren ohne Differenzierung. Jedes Zentrum wird gemäß Alexander durch den Kontrast zu dem umgebenden *Nicht-Zentrum* intensiviert. Erst die Umgebung hebt das Zentrum klar hervor und macht es zu dem Zentrum, das es ist. Ein Denken in kontrastierenden Gegensätzen oder Polaritäten ist uns vertraut: schwarz und weiß, voll und leer, Yin und Yang, männlich und weiblich, laut und leise. Unser Denken wie unsere Wahrnehmung arbeitet mit Hunderten solcher Kontraste. Viele natürliche Systeme beziehen ihre Organisation und Energie aus der Wechselwirkung von Gegensätzen.

Diagramm 9: Kontrast (Differenz)

Abstrakter: Die Politik verwendet Förderungen und Steuern. Der Kontrast zwischen Arm und Reich erzeugt Dynamik und hat gleichzeitig eine ambivalente gesellschaftliche Sprengkraft. In der Ethik spielt der Gegensatz von Gut und Böse eine konstituierende Rolle.

Eigenschaft 10: Gradienten

Alexander beschreibt Zonen der Weichheit oder Variation, in denen sich Qualitäten nicht sprunghaft, sondern allmählich verändern. Zentren, die sich entlang dieser Gradienten anordnen, variieren langsam in Größe, Abstand, Intensität oder Charakter. Wird z. B. entlang von Berghängen das Klima rauer, so wird der Baumbestand spärlicher, der Wuchs kleiner. Auch ein Organismus wächst entsprechend der chemischen Hormone und ihrer Konzentrationsgradienten.

Diagramm 10: Gradienten

Abstrakt geht es um allmähliche Übergänge. Es gibt Kulturen, in denen man z. B. durch Rituale zu einem bestimmten Zeitpunkt zum Erwachsenen wird. Dagegen ist das in den westlichen Industrieländern ein allmählicher, nicht klar definierter Vorgang, der sich nur indirekt über zahlreiche Merkmale erschließt. Ebenso gibt es anderswo streng getrennte Klassen, während in den Industriestaaten der soziale Status eher graduell variiert. In Organisationen gibt es oft ein starres Gehaltsschema, während sich etwa bei Sportlern oder Schauspielern ihr Marktwert kontinuierlich ändert. Ähnlich ist es an den Börsen der Wirtschaft, an denen sich Kurse laufend verändern.

Eigenschaft 11: Rauigkeit (Individualität)

Alle wirklich lebendigen Dinge sind laut Alexander individuell. Er spricht von einer gewisse Unbekümmertheit, Lockerheit, Entspanntheit oder morphologische Rauigkeit, die nicht einer Idealform entspricht. Dies hat oft tiefe strukturelle Gründe. Die Irregularität kann eine Antwort auf Irregularitäten der Umgebung, der Entstehung oder Lebensgeschichte sein. Sie erscheint in natürlichen Systemen oft als Wechselwirkung zwischen dem dreidimensionalen Raum und der Notwendigkeit der Granularisierung. Sie ist sichtbar an den Blättern auf einem Baum, an den Wellen des Ozeans oder den Zellen einer Honigwabe. Nirgendwo in der Natur sind zwei Elemente wirklich identisch. Sprichwörtlich ist das bei den Schneeflocken: Wilson A. Bentley hat von 1901 bis 1927 tausende Schneeflocken fotografiert und katalogisiert, ohne je zwei gleiche Exemplare zu finden.

Diagramm 11: Rauigkeit (Individualität)

Allgemein betrachtet: Künstler und Sportler wissen, dass sich nichts erzwingen lässt. Mechanische, fabriksmäßige Perfektion wirkt negativ. Antiquitäten wirken auch durch die Sichtbarkeit ihres Alters und ihres Charakters als unnachahmliche Einzelstücke. Die bezauberndsten Schauspielerinnen besitzen neben einer allgemeinen Schönheit auch eine unverwechselbare Eigenartigkeit. Will man diese Eigenschaft in Kunstwerken realisieren, so bedarf es gemäß Alexander einer gewissen Lockerheit und Bescheidenheit.

Eigenschaft 12: Echos (Ähnlichkeit)

Alexander findet eine grundlegende Ähnlichkeit von Zentren eines Systems, die wie eine Familienähnlichkeit oder ein Echo wirken. Der Effekt ist nicht immer benennbar oder messbar, außer dass Formen eben verwandt und vertraut erscheinen. Diese wiederkehrenden Formen werden laut Alexander verständlich, da sie aus einem gemeinsamen Prozess entstehen. Etwa die wiederkehrenden, aber nie identischen Formen von Bergen und Gipfeln, wie sie aus der Felsstruktur der Gebirge in Verbindung mit der Erosion hervortreten. Oder die Falten in einem vom Wetter gegerbten Gesicht eines alten Mannes, die in sich stimmig und konsistent erscheinen. So treten bestimmte Formen, Winkel, Farben oder Proportionen immer wieder auf, obwohl die einzelnen Teile eines Systems ganz unterschiedlich sind.

Diagramm 12: Echos - Ähnlichkeit

Oft ist aus wenigen Takten eines Musikstücks der Komponist erkennbar. In den Alpen erzeugen bestimmte Dachformen und Baumaterialien eine Familienähnlichkeit der Gebäude. Hunde haben Ähnlichkeiten in Körperhaltung und Verhalten, so dass man auch exotische Rassen sofort als Hunde erkennt. Ähnlichkeit bedeutet auch Vertrautheit, also die Möglichkeit an vorhandenes Verständnis oder Resonanz anzuschließen. So bilden sich Ähnlichkeiten im Aufbau von Hotels, Arztpraxen oder Firmenzentren, weil sich die Prozesse ähneln und bewährte Problemlösungen wiederholt werden.

Eigenschaft 13: Leere (Offener Raum)

In einigen der profundesten Zentren gibt es, so Alexander, in der Mitte eine Leere, die wie ein unergründlich tiefes Medium wirkt. Oft findet man es in Gebäuden mit einem religiösen Kontext, etwa als riesigen leeren Innenhof einer großen Moschee.

Diese Leere ist mit Stille verbunden, das Fehlen von Strukturen mit dem Gefühl der Freiheit. In gewisser Weise benötigt jedes Zentrum um sich herum eine Leere, denn ein lebendiges System kann nicht nur aus Details und Zentren bestehen. Auch die Variation untergeordneter Zentren findet häufig vor dem Hintergrund einer Zone der Ruhe statt. Wie etwa Oasen in der Weite der Sahara oder Vögel im Blau des Himmels. Aber hier tritt die Leere intensiv auf und bekommt den Charakter eines Zentrums mit einer Funktion. Die Ruhe, die diese Leere ausstrahlt, verstärkt als Kontrast die Aktivität anderer Zentren.

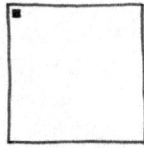

Diagramm 13: Leere (Offener Raum)

Der sich wölbende blaue Himmel oder die Weite eines Ozeans oder einer Wüste wirkt auf den Menschen. Diese Phänomene ermöglichen besondere Gefühlsstimmungen, etwa der meditativen inneren Einkehr oder das Gefühl der Freiheit und Ungebundenheit.

Eigenschaft 14: Einfachheit und innere Ruhe

Alexander stellt fest, dass sich die Lebendigkeit im Allgemeinen mit steigender Dichte und Intensität der Zentren erhöht. Er befindet aber auch die kontrapunktische Einfachheit verbunden mit dem Gefühl der inneren Ruhe als wichtige Eigenschaft der Lebendigkeit. Dies ist, so Alexander, ein sehr wichtiges Element in manchen großen Kunstwerken. Die Ruhe entsteht aus der Einfachheit, wenn alles Unnötige wegfällt. So entsteht die höchste Wirkung mit der einfachstmöglichen Konfiguration, mit geringstem Energie- und Ressourcenaufwand, ohne Überflüssiges, überraschend unkompliziert und direkt.

Diagramm 14: Einfachheit und innere Ruhe

Abstraktere Beispiele für wirksame Einfachheit: Ein Eiswürfel kühlt jedes Getränk. Die Formel E=mc^2 beschreibt das Verhältnis von Energie und Materie in unzähligen Formen und Anwendungen. Das Kreuz aus zwei geraden Strichen, nur leicht dezentral versetzt, symbolisiert unser tiefstes westlich-religiöses Weltbild. Aus dem Zähnezeigen wird durch leichtes Verziehen der Lippen ein komplementäres Signal, nämlich „Ich beiße nicht": das Lächeln.

Eigenschaft 15: Ganzheitliche Verbundenheit

Alexander sieht in der Eigenschaft der Verbundenheit etwas Besonderes, allein stehend im Verhältnis zu den übrigen vierzehn Lebenseigenschaften. Diese können ein Ding schön machen, aber zum Preis eines egozentrischen Charakters, eines gewissen „Schau mich an, wie schön ich bin". Dinge mit ganzheitlicher Verbundenheit haben dagegen eine große Bescheidenheit. Alexander sagt dazu: „Sie dienen dem Ganzen und haben die Kraft zu heilen". Dies bedeutet, dass wir ein lebendiges Ding als etwas Ganzes für sich, aber auch im völligen Einklang mit der Welt erfahren können.

Andererseits gibt es im Grunde keine vollkommene Isolation, jedes Zentrum ist immer auch Teil eines größeren Ganzen und mit der ganzen Welt zutiefst verbunden. Die Eigenschaft der Verbundenheit in konkreten Systemen ist der Ausdruck dieser allgemeinen Tatsache.

Diagramm 15: Ganzheitliche Verbundenheit

Es gibt keine klaren Anweisungen, wie diese Eigenschaft entsteht. Sie wird als eine Mischung aus einfacher Bescheidenheit der Form in Verbindung mit Harmonie oder Einklang mit der Umgebung sichtbar. Man denke an eine schmucklose Kirche in der Einsamkeit oder an einen Virtuosen, der eine einfache Melodie auf einer Blockflöte spielt.

Aspekte der Lebenseigenschaften

Es ist eine große Abstraktionsleistung Alexanders, diese fünfzehn Lebenseigenschaften erkannt zu haben. Die Eigenschaften sind auch nicht unabhängig voneinander, sondern miteinander verknüpft und verwoben. Jede Eigenschaft kann als Kombination von vier bis acht anderen Eigenschaften definiert werden, und Alexander gibt auch eine entsprechende Abhängigkeitsmatrix an (siehe Anhang *Abhängigkeitsmatrix*).

Es wäre falsch zu glauben, dass in jedem lebendigen Ding jede einzelne dieser fünfzehn Eigenschaften vertreten wäre. Teilweise ist das auch gar nicht möglich, weil bestimmte Eigenschaften gegensätzlichen Charakter haben, sodass sie kaum gemeinsam vorkommen können. Im Schnitt findet man, so Alexander, in einer konkreten Struktur fünf bis zehn dieser Eigenschaften.

Ebenso falsch wäre die Annahme, dass die Steigerung einer bestimmten einzelnen Eigenschaft automatisch die Lebendigkeit erhöhen würde. Es geht auch um ihre geometrische Ausgewogenheit und funktionelle Sinnhaftigkeit.

Das Verhältnis zu den Transformationen

Alexander argumentiert: „*Die beschriebenen fünfzehn Lebens-eigenschaften sind in lebendigen Strukturen beobachtbar. Sie müssen sich logischerweise im Laufe der Entwicklung dieser Systeme ausgeprägt haben. Bei einer Zerlegung der Entwicklungsprozesse in einzelne Veränderungsschritte, werden jene Schritte identifizierbar sein, bei denen die einzelnen Eigenschaften auftauchen. Also gibt es eine wechselseitige Entsprechung von Eigenschaften und zugehörigen Transformationen.*"

Betrachten wir das Gefüge von Zentren, Eigenschaften und Transformationen aus der Sicht des kreativen Gestalters, so geht es um die nächsten Entwicklungsschritte, also um Handlungs-möglichkeiten in der jeweiligen Gestaltungssituation. So wie in einer Stellung eines Schachspiels jede Figur eine Anzahl von Zügen ermöglicht, ergibt sich in einem System, vereinfacht betrachtet, rund um jedes Zentrum aus den fünfzehn möglichen Transformationen die Vielzahl der Gestaltungsmöglichkeiten.

Die Anzahl der möglichen Transformationen ist astronomisch, viele tausend Mal größer als die Zugmöglichkeiten in einem Schachspiel. Schon die Zahl der Zentren ist viel größer. Auch die Zahl der Schritte ist größer: Während man bei einem Schachspiel mit 60 bis 90 Halbzügen rechnen kann, spricht Alexander von etwa 50.000 Einzelentscheidungen beim Bau eines normalen Wohnhauses. Man denke etwa daran, wie viele Möglichkeiten es gäbe, ein Schulsystem zu verbessern, oder Geldmittel zur sozialen Entwicklung der Gesellschaft einzusetzen. Es ist naheliegend, dass Entscheidungsträger dabei oft überfordert sind. Ohne systemische Überlegungen und ohne methodische Reduktion dieser Vielfalt auf überschaubare Alternativen ist eine organische Entwicklung von Systemen kaum durchführbar.

Eine Mathematik der Lebendigkeit?

Bevor wir den Abschnitt über die Lebenseigenschaften abschließen, sollen auch die Anstrengungen erwähnt werden, die von Alexander und seinen Mitarbeitern unternommen wurden, den Zusammenhang zwischen den besprochenen fünfzehn Eigenschaften und der Lebendigkeit mathematisch berechenbar zu machen. Von einfachen Systemen ausgehend (siehe *The Nature of Order*, Band I, Anhang 1) hat man versucht, die Vielfalt der möglichen lokalen Symmetrien im System als Maß zu nehmen. Das scheint im Prinzip zu funktionieren und zeigt den Weg zu einer allgemeinen, mathematischen Feldtheorie der Zentren. Ob es gelingt, eine solche Theorie zu entwickeln, ist noch offen. Denn obwohl der Denkansatz viel versprechend ist, konnte man bis jetzt die mathematischen Probleme in der Verbindung von dreidimensionaler Geometrie und Kombinatorik nicht überwinden.

Kritisch betrachtet, haftet an diesem Versuch aber auch eine paradoxe Widersprüchlichkeit. Einerseits würde eine mathematische Erfassung der Lebendigkeit die Mustertheorie stärken, weil sie die Objektivität beweisen würde. Andererseits würde aber eine Berechenbarkeit der Lebendigkeit die subjektorientierten Konsequenzen und demokratischen Forderungen der Mustertheorie in Frage stellen, weil der fühlende Mensch dann für die Entscheidungsfindung nicht mehr unbedingt nötig wäre.

Die Wahrnehmung der Lebendigkeit

Bisher war – wie selbstverständlich – von den Eigenschaften des Lebens die Rede. Aber es stellt sich natürlich vorerst die Frage, wie die Lebendigkeit für solche Untersuchungen zu allererst wahrgenommen werden kann. Sicherlich war dies ein iterativer Prozess. Die Eigenschaften wurden von Alexander zunächst an zweifelsfrei hervorragenden Werken der Kunst und Architektur beobachtet und diese Erfahrungen schärften ihrerseits den Blick bei der Beurteilung alltäglicher Systeme.

In der Folge arbeitete Alexander darauf hin, diese Lebendigkeit direkt wahrnehmen und beurteilen zu können und diese Fähigkeit auch Laien zu vermitteln. Er musste eine Methode finden, um feine Qualitätsunterschiede, verschiedene Grade der Lebendigkeit objektiv wahrzunehmen. Tatsächlich wurde es möglich, eine solche Urteilskraft zu schulen. Vor allem ist es

Menschen gemeinsam möglich, Übereinstimmungen zu erzielen. Aber wie geht das? Welcher Methode entspringen die Urteile, wenn Alexander sagt, dass ein Ding lebendiger ist als das andere?

Alexander betrachtet zunächst die traditionelle Wissenschaft: Sie zielt mit dem Konzept der Objektivität auf reproduzierbare und damit übertragbare Resultate. Das ist eine gute Zielsetzung, gewachsen aus der einfachen Erkenntnis, dass gewonnene Ergebnisse nur dann wertvoll sind, wenn sie unabhängig für alle Menschen gelten, daher von vielen Menschen genützt werden können. Deshalb sollen wissenschaftliche Erkenntnisse auch mit Methoden gewonnen werden, die unabhängig von den beteiligten Menschen sind. In der Naturwissenschaft, die als vorbildlich gilt, geschieht dies meist durch den Einsatz von Messgeräten. Der Mensch bzw. Wissenschaftler verzichtet auf subjektive, direkte, eigene Wahrnehmungen und beschränkt sich auf objektives – durch Messgeräte vermitteltes – Datenmaterial.

Alexander beschreibt eine alternative Methode, die ebenfalls reproduzierbare Ergebnisse erzeugt. Allerdings wird dabei das *Ich* als Subjekt nicht ausgeschaltet, sondern spielt – ganz im Gegenteil – sogar eine zentrale Rolle als Sensor für die Lebendigkeit. Die Grundhypothese Alexanders ist, dass verschiedene Menschen in bestimmten Situationen die gleichen gefühlsmäßigen Wahrnehmungen haben. Vergleichen könnte man das mit der Wahrnehmung von Musik, wobei Menschen zwar nicht in ihren Vorlieben übereinstimmen, aber sehr wohl darin, ob eine Musik als freudig, beruhigend oder majestätisch empfunden wird. Eine entsprechende Resonanz gibt es auch gegenüber der Lebendigkeit von Systemen, und es gilt sie durch entsprechende Situationen und Fragestellungen zur Geltung zu bringen.

Alexander vereinfacht die Versuchsanordnung, indem den Versuchspersonen lediglich zwei Alternativen angeboten werden, von denen sie die bessere wählen sollen. Diese Alternativen können zwei Bilder sein, zwei Gegenstände oder zwei Konstruktionsvarianten eines Hauses. Den Menschen wird von Alexander also kein absolutes, sondern nur ein relatives Urteil abverlangt, was viel leichter ist. Ein Gewicht zu heben und in Kilogramm zu schätzen ist schwierig, man kann sich leicht irren – viel leichter ist es, zwei Gewichte zu heben und das schwerere zu identifizieren. Man kann das wiederum mit dem Gehör in der Musik vergleichen. Nur wenige Menschen besitzen ein absolutes Gehör und können eine Tonhöhe exakt erkennen. Aber fast jeder Mensch kann den höheren unter zwei Tönen erkennen, zumindest wenn er unter Anleitung ein bisschen übt.

Bild 2+3: Vergleichsurteil
Obdachlosenheim – Postmodernes Gebäude

Die Fragestellungen, die dem Vergleichsurteil zugrunde gelegt werden, können, so Alexander, je nach Situation und Versuchspersonen variiert werden, drehen sich jedoch immer um die Resonanz zwischen den Alternativen und den Menschen. Alexander gibt folgende Beispiele:

„Welche Alternative würde
dein/Ihr Leben mehr bereichern?"

„Welche Alternative spiegelt besser
dein/Ihr Wesen als Mensch?"

„Welche Alternative erzeugt
das stärkere Gefühl der Verbundenheit?

„Welche Alternative ist
ein stärkerer Ausdruck von Lebendigkeit?"

Anfangs wird es notwendig sein, Erklärungen zu geben, solange das Konzept der Lebendigkeit den Menschen fremd vorkommt. Der Test ist nichts Mechanisches und kann nicht unter Zeitdruck in einer vorgegebenen Zeitspanne abgewickelt werden. Man sollte sich also ausreichend Zeit nehmen, sagt Alexander.

Alexander in verdichteter Form: „*Die lebendigen Strukturen reflektieren das Selbst in uns, sie reflektieren jeden von uns als Individuum, auf tief gehende Art und Weise. Das Verständnis für eine Blume, einen Fluss, eine Person oder ein Gebäude kommt aus den gleichen grundlegenden Prinzipien der Entfaltungsprozesse, die wir in uns tragen und zu denen wir eine Resonanz empfinden können. Die Blumenwiese im Frühling oder der Sonnenuntergang am weiten Horizont berührt uns wie die Altstadt von Venedig oder die Alhambra, wie weltvergessen spielende Kätzchen oder die leuchtenden Augen von Kindern unter dem Weihnachtsbaum. Diese werden nicht auf Grund willkürlicher Geschmacksurteile als erhebend empfunden, sondern weil wir in diesen Systemen und Situationen eine objektive Resonanz zu unserer eigenen Lebendigkeit spüren.*“

Führt man den Test für sich selbst als Einzelperson durch, dann braucht es einige Erfahrung, um zu erkennen, wann man Sicherheit im Urteil erlangt hat. Alexander empfiehlt, sich auch hier ausreichend Zeit zu nehmen. Manchmal kann es für eine Person auch Tage oder Wochen dauern, um innere Sicherheit in einem bestimmten Urteil zu gewinnen. Diese Wahrheit findet man im Selbst, nicht in der Welt um uns oder in dem uns Anerzogenen. Die vier Bände von *The Nature of Order* enthalten übrigens hunderte von kommentierten Fotos, die sich auch als Trainingsmaterial eignen.

Experimentelle Ergebnisse

Wenn man mit größeren Gruppen von Versuchspersonen arbeitet, kann man nicht mit 100 % Übereinstimmung rechnen, obwohl es die Hypothese der vollständigen Übereinstimmung gibt. Manche Menschen könnten, erzählt Alexander, mit der Fragestellung nichts anfangen, oder sie seien verwirrt, weil ihnen die Konsequenzen unheimlich seien und sie sich ihren eigenen Gefühlsregungen verweigerten. Man kann jedoch erwarten, dass sich bei korrekter Durchführung regelmäßig Übereinstimmungen von 80 bis 90 % ergeben. Alexander machte Hunderte von solchen Experimenten, viele mit Gruppen von über hundert Personen.

Bild 4+5: Vergleichsurteil
Haus im Slum von Bangkok – Postmodernes Gebäude

Ein Beispiel Alexanders zur Illustration: Verglichen wurde ein Slum-Haus in Bangkok mit einem postmodernen Haus. Die Frage „*Welches Haus ist lebendiger?*" wurde von 110 Studenten beantwortet. 89 entschieden sich für das Slum-Haus, 21 konnten mit der Frage nichts anfangen, 0 entschieden sich für das postmoderne Haus. Viele fanden die Frage irritierend, denn nachdem sie entschieden hatten, dass das Slum-Haus mehr Leben besitzt, konnten sie nur mehr schwer das postmoderne Haus als „*irgendwie besser*" beurteilen.

Alexander behauptet, dass es diese Differenz nicht nur zwischen schönen und hässlichen *Dingen* gibt. Er sagt, dass diese Unterscheidung bezüglich jedes Gegenstandes und jedes Ereignisses möglich ist, egal wie alltäglich oder gewöhnlich diese sind.

Alexander in verdichteter Form: „*Resonanzexperimente führen zur Erkenntnis der Objektivität subjektiver Vergleichsurteile. Menschen haben zu allen Zeiten ein Urteil dazu gehabt, aber das mechanistische Weltbild hat uns von unserem Selbst entfremdet. Die Idee, dass der Raum zum Leben erwacht, verändert diese Situation und das Selbst wird wieder ein integraler Teil des Bildes.*" Auf diese Weise entzieht Alexander der image-lastigen Architektur des 20. Jahrhunderts ihre Grundlage und versucht, den Begriff der *Schönheit* in neuer Weise zu etablieren.

Konventionelle Geschmacksurteile

Mit Alexander zu fragen, was mehr Leben hat, heißt nicht zu erforschen, was Menschen mehr mögen. Die Gesellschaft erzieht die Menschen durch Autoritäten in Geschmacksfragen zur Übereinstimmung. Zum Beispiel lernen Architekturstudenten postmoderne Gebäude positiv zu bewerten und zu mögen. Alexander berichtet auch, dass Menschen manchmal Projekte ablehnen, indem sie formale Argumente konstruieren. Sie scheuen das einfachere „*Dieses Projekt fühlt sich nicht gut an!*", weil die Begründung durch ein nicht rationalisierbares Gefühl in unserem Weltbild als unpassend angesehen wird. Wir leben in einer Zeit, in der die Vorlieben der Menschen durch Moden und Ideologien mit Hilfe von Medien kontrolliert werden.

Die Frage „*Was ist gut und was ist schlecht?*" ist grundlegend für unsere Entwicklung zu besseren Menschen. Man braucht, so Alexander, eine eigene, verlässliche Urteilsfähigkeit für Qualität, denn fremde Meinungen helfen dabei nicht. Gemäß Alexander ist diese Technik des Vergleichens eine wichtige Grundlage für die Behauptung, dass der Grad an Lebendigkeit eine empirisch beobachtbare Qualität ist.

Beispiele für Lebendigkeitsgrade

Alexander in verdichteter Form: „*Wir fühlen, dass es verschiedene Grade von Lebendigkeit in Dingen gibt. Wir fühlen, dass uns diese Gefühle gemeinsam sind, dass sie in ähnlicher Weise von allen Menschen geteilt werden. Eine sich brechende Wellenkrone des Ozeans fühlt sich lebendiger an als ein industrieller Abwasserteich. Ein prasselndes Lagerfeuer ist lebendiger als die kalte Asche hinterher. Gold wirkt lebendiger als Platin. Ein bestimmtes Stück Holz wirkt lebendiger als ein anderes ähnliches Stück Holz.*" Alexander ermutigt die Menschen, sich auf diese Denkweise einzulassen und sie nicht nur bildhaft zu verstehen.

Auch bei verschiedenen Tieren oder Menschen fühlen wir, dass einige lebendiger sind als andere. Ein Mensch kann voll Lebensenergie sein, während der andere bedrückt und wenig lebendig wirkt. Verschiedene Organismen beeindrucken uns durch ihr stark ausgeprägtes Leben. Eine Blumenwiese, eine Flusslandschaft oder ein Waldgebiet geben uns mit ihrer vielfältigen Ökologie ein intensives Gefühl von Lebendigkeit. Wir erfahren den *Lebendigkeitsgrad* als ein essenzielles Konzept, das ganz im Zentrum unserer Gefühle für die natürliche Welt steht.

Die allgemeine Qualität des Lebens existiert gemäß Alexander in jedem Bereich des Raumes und in jedem materiellen System. Diese graduelle Lebendigkeit existiert auch in menschlichen Ereignissen. Alexander beschreibt diese verschiedenen Lebendigkeitsgrade im Nachtleben einer Bar, beim Händeschütteln unter Freunden oder beim Treiben auf einem Marktplatz. Ebenso wenn Menschen entspannt zusammen sind, essen, trinken, ganz sie selbst sind. Diese Qualität schließt laut Alexander das Gefühl eines freien inneren Geistes ein. Das Konzept einer *objektiv fühlbaren Lebendigkeit* ist eine enorme Entdeckung oder zumindest Wiederentdeckung, vergleichbar der im 16. Jahrhundert stattgefundenen Entdeckung der Bewegung der Erde um die Sonne. Wenn man diese Erkenntnis akzeptiert und in eine allgemeine Lebenspraxis bringt, ist die Welt nicht mehr die gleiche.

Alexander: „*Was wir tun, hängt davon ab, was wir mögen. Echte Zuneigung des Herzens macht uns ganz und hat einen heilenden Effekt auf uns. Es macht uns menschlicher. Es verstärkt das Leben in uns.*" Konkret führt Alexander dazu an:

- Dinge, die wir lieben, geben uns das Gefühl der Lebendigkeit und des Gesundseins.

- Das Gleiche gilt, wenn wir Dinge machen, die lebendig sind und die wir lieben.

- Es braucht die Befreiung von Egoismen und fremden Meinungen, um wirkliche Zuneigung zu erfahren.

- Es hängt am Selbst und dem Gefühl, mit allem Existierenden tief verbunden zu sein.

Alexander leitet uns an zu fragen: Welches von zwei Dingen ähnelt mehr deinem Selbst, deinem ganzen Wesen mit all seinen Hoffnungen, Ängsten, Schwächen, seiner Größe, Gegenwart, Vergangenheit und Zukunft. Welches von zwei Dingen ist deiner Menschlichkeit näher; dem Guten und dem Bösen; dem, was wir sind und was wir hoffen zu werden? Das sind weitere Umschreibungen dieser Fragen nach innerer Resonanz in den Vergleichsurteilen.

Nur mit zunehmender Reife lernen wir laut Alexander auf unser Innerstes zu hören und wahrzunehmen, was wir wirklich lieben: *„Es ist nicht leicht, dieses Bewusstsein für die Lebendigkeit von Strukturen zu entwickeln. Die Interpretation des Persönlichen als von etwas Eigenartigem wäre zu oberflächlich. Etwas ist dann persönlich, wenn es unser Herz berührt. Das Persönliche weckt die in uns schlummernde Kindhaftigkeit, ein Gefühl der Fürsorge, des Glücks und des völligen Aufgehens in der Welt. Alle Werke mit großer Lebendigkeit und Ganzheit sind persönlich. Dies ist ein essenzielles Merkmal des Lebens in materiellen Dingen. Echte persönliche Gefühle haben nicht den subjektiven Charakter begrenzter Gültigkeit, sondern eine grundlegende objektive Qualität.*"

Die vorgeschlagene Methode erhebt das Gefühl für Lebendigkeit zu einer Technik der Wahrnehmung. Obwohl diese Form wissenschaftlicher Methode für uns neu ist, war sie laut Alexander in der Antike wohl bekannt: Konfuzius etwa spricht zum

Herrscher, dass dieser nur in dem Ausmaß als Herrscher effektiv sein kann, in dem er in der Lage ist, auf sein Herz zu hören. Der wichtige buddhistische Lehrtext *Visuddhimagga* spricht von der Wichtigkeit, zu jedem Zeitpunkt den eigenen inneren Zustand zu erfühlen. Dieser Zustand ganzheitlicher Wahrnehmung auch und vor allem des inneren Selbst, wird als wichtige Vorbedingung für die innere Entwicklung des Menschen angesehen.

Jeder kann mit Alexander beobachten, dass sich die Qualität des eigenen Menschseins während des Tages verändert, abhängig von der Umgebung und den Menschen mit denen man in Kontakt ist. Alexander möchte jeden überzeugen, dass er diese Qualität fühlen kann und dass es sich dabei um etwas Reales handelt. Es ist kein Artefakt und keine Konstruktion, sondern ein reales, physikalisches Phänomen, das der Wahrnehmung zugänglich ist.

Die von Alexander behauptete Urteilsfähigkeit über Lebendigkeit erscheint fundamental: Wir trauen uns üblicherweise ein Urteil zu – bei paarweisem Vergleich von Orten, Strukturen, Ereignissen oder Objekten –, dass eine Alternative mehr Leben hat als eine andere. Gewöhnlich stimmen Personen in ihrem Gefühlsurteil darin überein. Es ist seltsam, dass ein so allgemeines Phänomen in unserem traditionellen Weltverständnis nicht vorkommt.

Das empirische und wissenschaftliche Element

Alexander arbeitet empirisch. Er verwendet einen objektiven Ordnungsbegriff, der direkt mit dem Wesen von Lebendigkeit und Schönheit verbunden ist. Seine Frage *„Welches von beiden stärkt dich mehr in deiner Lebendigkeit?"* wird so zutiefst empirisch. Sie bezieht sich auf einen Grundstock menschlicher Gefühle, auf jene 80 bis 90 % der Gefühle, die wir alle teilen. Die Mustertheorie entwirft ein Bild der Welt, in dem Menschen in großem Ausmaß ähnliche Gefühle haben und zu echtem Konsens veranlagt sind.

Dabei kommt es auf die Erfahrung und Pflege des inneren Gefühls an, das bei entsprechendem experimentellem Aufbau zu einer etwa 80 bis 90 %igen Übereinstimmung der Beteiligten führt. Im präsentierten Weltbild Alexanders können Aussagen über Werte – über Grade der Lebendigkeit, der Harmonie und Ganzheitlichkeit – die üblicherweise als Meinungen gehandhabt werden, ebenfalls logisch wahr oder falsch sein. Das bedeutet, dass Aspekte von Schönheit und dem Wesen des Lebens, tiefere Aspekte unserer Existenz zu gemeinsamen Erfahrungen werden.

Die Mustermethode ist wie die mechanistisch-kausale Methode von Descartes in Erfahrungen gegründet, also in ihrem Wesen empirisch. Beide Methoden erzeugen reproduzierbare, übertragbare Resultate. Die eine bezieht sich auf maschinenartige Modelle, die analytisch zerlegt werden können, ohne ihren Sinn zu verlieren. Die Mustermethode des Christopher Alexander eignet sich für lebendig-organische Systeme, bei denen die Ganzheitlichkeit wesentlich ist.

Nachdem es bisher im Kapitel 3 um das Vokabular, um Beobachtung, Benennung und Betrachtung im Rahmen statischer Systeme ging, wenden wir uns nun der Veränderung, der Dynamik zu. Die Wissenschaftlichkeit der Mustermethode wird dabei in den nächsten Abschnitten Schritt für Schritt deutlicher sichtbar werden. Denn so wie die naturwissenschaftliche Methode mit der Prognose und dem experimentellen Test arbeitet, genauso braucht die Mustertheorie einen in die Zukunft zielenden Prozess, der gelingen oder scheitern kann, an dem sie zu messen ist. Dieser Prozess ist die Entfaltung oder – stärker abstrahiert und neutraler formuliert – die *Transformation*. Wir beschäftigen uns also mit dem *Wie* und dem *Warum* von Transformationen und werden endlich zum *Muster* als zentralem methodischen Begriff vorstoßen.

Die Transformationen

Alexander sieht überall in der Natur ein *Werden*. Die Natur erzeugt ständig lebendige Strukturen. Das *Warum* und das *Wie* ist nicht leicht zu verstehen. Wir brauchen aber, so Alexander, nur die Natur zu beobachten, um ihr die Geheimnisse abzulauschen. Wenn wir das tun, dann können wir fast immer eine Begründung finden, warum sich eine der fünfzehn Lebenseigenschaften entwickelt. Es ist viel schwieriger, zu erklären, warum ein System, dessen Entwicklung man nicht verfolgen konnte, eine Eigenschaft aktuell besitzt.

Alexander in verdichteter Form: *„Die fünfzehn Lebenseigenschaften scheinen darin zusammenzuwirken, die Ganzheit zu stärken und sie schön zu machen, unabhängig vom dabei konkret wirkenden Mechanismus. In einem Transformationsschritt erscheinen einige der fünfzehn Lebenseigenschaften oder sie werden verstärkt. Der Transformationsprozess stärkt in erster Linie das Gesamtsystem, nicht einen einzelnen Teil. Es entsteht nichts völlig Neues."*

Das Prinzip der Schritthaftigkeit

Natürliche Systeme entwickeln sich in kleinen Schritten. Für jeden Schritt gibt es einen Grund, eine konkrete Verbesserung oder Verstärkung der Struktur. Es gibt keine langen Umwege oder unproduktiven Zwischenstufen. Jeder Schritt bringt unmittelbar einen Vorteil für das System.

Auch ein guter Entwurf entwickelt sich allmählich, schrittweise. In der Ökologie ist der Begriff der Sukzession gebräuchlich – man betrachtet ein System als Stadien oder Zustände durchlaufend. In Gestaltungsprozessen können Zwischenschritte wesentliche Beobachtungsmöglichkeiten bieten, um auftauchende Potenziale frühzeitig zu erkennen.

Das Prinzip der Reversibilität

Eine einzige misslungene Transformation kann, so Alexander, einen zerstörerischen Effekt haben, von dem sich das System nur schwer erholt. Deshalb ist es einerseits wichtig, den Erfolg jedes

Transformationsschrittes durch einen Test zu kontrollieren. Der Test ist aber nicht genug, es muss Reversibilität geben, also die Möglichkeit solche Schritte rückgängig zu machen, damit keine später unkorrigierbaren Fehler im System verbleiben und es dauerhaft belasten.

Das Prinzip der Effizienz

Die Natur ist in der Nutzung von Energie und Ressourcen beispielhaft effizient. Diese Eigenschaft der Natur ist so oft beschrieben worden, dass solche Beispiele hier nicht wiederholt werden müssen.

So wie in der Physik, wo Masse und Energie miteinander korrespondieren, kann man sich auch bei allen natürlichen Prozessen eine Entsprechung zwischen Ressourcen und Energie vorstellen. Eine Ressource *kostet* eine bestimmte Energiemenge. Dies vereinfacht unsere Überlegungen und führt zu einem einzigen einheitlichen Prinzip der Energieeffizienz oder Sparsamkeit.

Das Prinzip der Strukturerhaltung

Transformationen können grundsätzlich sanft oder radikal sein, die aktuelle Struktur erhalten oder zerstören. Lebendige Prozesse bauen gemäß Alexander immer auf bestehenden Strukturen auf und entwickeln sie weiter. Der nächste Schritt geschieht vorwiegend so, dass die bestehende Struktur bewahrt und ihre latenten Möglichkeiten genutzt werden. Vorhandene größere Zentren bleiben fast immer erhalten, werden oft weiter gestärkt und nur selten geschwächt oder zerstört. Viele Transformationen wirken sanft und bewahren vorhandene Strukturen; wir bezeichnen sie als strukturerhaltend.

Im Grunde ist das auch verständlich, handelt es sich doch um eine andere Form der Energieeffizienz. Jeder Strukturaufbau kostet ja Energie und Zeit. Eine Struktur zu schwächen oder wieder aufzulösen bedeutet, einen Teil des ursprünglichen Einsatzes von Energie und Zeit zu verlieren. Energieeffizienz bedeutet maximale Nutzung vorhandener Strukturen. Dies wirkt fast, als hätte die Natur *Respekt vor dem aktuellen Zustand*. Dies ist eine Interpretation aus menschlicher Perspektive, die aber für den Menschen durchaus leitend wirken kann.

Strukturerhaltende Transformationen sind zahlenmäßig selten, verglichen mit der tausendfachen Anzahl von denkbaren Transformationen, welche die Strukturen nicht erhalten. Deswegen ist das vorherrschende Auftreten strukturerhaltender Transformationen signifikant. Alexander betont, dass es sich bei „strukturerhaltend" um eine objektivierbare Eigenschaft und keine Interpretation handelt. Dort wo die Situation laut Alexander nicht zweifelsfrei ist, stimmen Versuchspersonen in Experimenten mit großen Mehrheiten darin überein, ob eine Transformation eine Struktur erhält oder nicht.

Alexander in verdichteter Form: „*Für eine positive Gesamt-entwicklung braucht man nur eine Abfolge strukturerhaltender Transformationen. Neue Strukturen entstehen durch Abfolgen von Transformationen, die in der bestehenden Ganzheit begründet sind und auf die Ganzheit wirken. Die entstehenden Systeme sind fast immer funktionell, effizient und schön. Das Resultat wirkt dann fast immer harmonisch und angenehm und die Dichte und Intensität der vorhandenen Zentren hat sich erhöht. Das ist der gewünschte Prozess, den wir kreativ nennen.*"

Das Prinzip der Symmetrieerhaltung

Alexander sieht hier eine einfache Situation: In der Physik erklärt sich Symmetrie aus entsprechenden symmetrischen Kraftfeldern. Ähnliche Effekte ergeben sich in der Chemie durch symmetrische Konzentrationsverteilungen. Es gibt in der Natur keinen Verlust von Symmetrie ohne einen konkreten Grund. Lebendige Systeme sind konservativ und tendieren dazu, die bestehenden Symmetrien zu erhalten. Wenn eine Symmetrie jedoch reduziert wird, dann, so Alexander, durch eine zusätz-liche Wechselwirkung auf minimale Art und Weise. Entstehen kleinere Detailstrukturen neu, dann oft erneut mit lokaler Symmetrie.

Das Prinzip der Einzigartigkeit

Im Allgemeinen gehen Menschen davon aus, dass im kreativen Prozess völlig neue Dinge entstehen. Alexander sieht das anders: Lebendige Prozesse lassen das Neue in sanfter Weise aus dem bereits Existierenden entstehen. Der andernorts gerne verwendete Begriff der Emergenz – das Erscheinen von neuen Phänomenen – steht diesem Gedanken sehr nahe.

Das Phänomen der Kreativität ist neu zu betrachten. Jeder lebendige Teil der Welt ist auch einzigartig. Wir lieben Dinge, weil sie unterscheidbar und einzigartig, für uns wiedererkennbar sind. Modularität ist nicht genug und Nützlichkeit ist nicht genug. Alles hängt von der Schönheit und Einzigartigkeit ab.

Alexander in verdichteter Form: *„Kreativität bezieht sich auf das schon Existierende und ist ein Ausdruck tiefer Gefühle relativ dazu. In diesem Sinn ist Kreativität nie etwas ganz Neues. Aber durch die Einzigartigkeit der Ergebnisse, die sich in unendlicher Vielfalt im kreativen Prozess entfalten, werden wir oft völlig überrascht."*

Das Prinzip des Gleichgewichts

Dieses Prinzip wird von Alexander nicht erwähnt, obwohl es allgegenwärtig ist. Vermutlich weil es im Gestaltungsprozess der Architektur nicht so benötigt wird. Zunächst wird Energie und Materie weder gewonnen, noch verloren, sondern jeweils nur in andere Formen umgewandelt. Dort wo Kräfte ansetzen, entstehen Gegenkräfte, die ein System im fortwährenden Gleichgewicht halten. Stellt sich dieses Gleichgewicht nicht ein, so kommt es zu einer Bewegung, also einer Veränderung, bis sich ein neues Gleichgewicht eingestellt hat.

Hier scheint auch der Ursprung von Kontrast und Widersprüchlichkeit zu liegen. Jede Veränderung in einem System wirkt auch nach außen und zieht eine korrelierende Veränderung der Umgebung nach sich, die teilweise den ursprünglichen Veränderungsanstoß kompensiert. So entstehen lebendige, dynamische Gleichgewichte, auch Widersprüche, die teilweise als Kontraste, teilweise als Paradoxien wahrgenommen werden.

Fünfzehn Eigenschaften und Transformationen

Neu entstehende Zentren erscheinen meist in der Form der beschriebenen fünfzehn Lebenseigenschaften. Man kann das so verstehen, dass jede Eigenschaft eine Möglichkeit der Transformation oder Entfaltung – eine Entwicklungsdimension – anzeigt. Jede der fünfzehn Lebenseigenschaften kann man sich als einen Typus einer Transformation vorstellen, als eine Entwicklungsrichtung, die zu einer weiteren kohärenten Entfaltung des Systems führt. Alexander führt das im Detail etwa so aus:

1. Größenstufen: Innerhalb oder in der Nähe von A entsteht ein neues, kleineres, aber vergleichbares Zentrum B.

2. Starke Zentren: Zentren entwickeln sich weiter, werden größer, bekommen eine innere Struktur oder werden durch äußere Beziehungen zu anderen Zentren gestärkt.

3. Grenzen: Jedes Zentrum hat eine Grenze, die sich bilden kann, weiter ausprägen kann und in der neue Zentren entstehen können.

4. Rhythmische Wiederholung: Wenn sich ein Raum füllt, so entstehen wiederkehrende Strukturen auf ganz natürliche Weise.

5. Positiver Zwischenraum: Der Leerraum zwischen Zentren oder in Zentren hat das latente Bestreben, als positiver Zwischenraum in Form eines eigenen Zentrums aufzutreten.

6. Besondere Form: Aus einer schwachen Form entsteht durch zusätzliche Zentren, die sich an lokale Kräfte und Symmetrien anpassen, eine besondere, effiziente Form.

7. Lokale Symmetrie: Entsteht bei neuen Zentren im lokalen Zusammenhang, wenn es keinen besonderen Grund für Asymmetrie gibt.

8. Tiefe Durchdringung und Zweideutigkeit: Entlang von Grenzen und Kanten führt die Bildung wichtigerer und unwichtigerer Zentren zu zweideutigen Übergängen.

9. Kontrast: Eine Transformation kann den Kontrast erhöhen, indem die Unterschiedlichkeit oder Differenzierung verstärkt wird.

10. Gradienten: Der leere Raum um Zentren kann reorganisiert werden, sodass er eine graduelle Differenzierung bekommt.

11. Individualität: Wachsende Ordnung führt über feine Adaptierungen zur individuellen Ausprägung von Ganzheiten.

12. Echos und Ähnlichkeiten: Die Wiederholung von Prozessen führt unter ähnlichen Bedingungen zu variierenden aber wiedererkennbaren Formen.

13. Leere: Manchmal müssen Zonen in einem System entfernt werden, damit eine wichtigere Struktur klarer hervortreten kann.

14. Einfachheit und innere Ruhe: Solche Klärungen können durch Vereinfachungen verstärkt werden.

15. Ganzheitliche Verbundenheit: Eine Folge strukturerhaltender Transformationen verstärkt die zugrunde liegende Ganzheit und innere Verbundenheit.

Alexander lehrt, wie man lebendige Strukturen macht und erhält. Sanfte Entfaltung ist jener Prozess, der auf einfachstem Weg zu lebendigen Systemen führt. Lebendige Strukturen ähneln oft althergebrachten oder primitiven Formen. Traditionelles Bauen erfolgt oft in einem Prozess ganz ohne planerischen Entwurf. Aber es geht nicht um Modernität oder Traditionalismus. Die fünfzehn Lebenseigenschaften erlauben es den Zentren, sich gegenseitig zu unterstützen. Dieses Konzept bildet eine neue konsistente intellektuelle Basis für eine einfühlsame Gestaltung.

Die Transformation im kreativen Prozess

Wie geht man nun gemäß Alexander bei der Entfaltung eines Systems vor? Wo setzen die Beobachtungen und Überlegungen an?

1. Zu jedem Zeitpunkt haben wir mit einem partiell entfalteten Zustand einer Struktur zu tun. Dieser Zustand mit seiner Anordnung von Zentren bildet eine Ganzheit und besitzt graduell Leben.

2. Wir identifizieren den schwächsten Aspekt der Struktur, der das geringste Gefühl auslöst. Unsere Aufmerksamkeit liegt dabei auf der Ganzheit, dem globalen Zustand und seiner aktuellen Ordnung.

3. Wir suchen nach latenten Zentren auf der über-, neben- oder untergeordneten Detaillierungs-ebene und wählen eines dieser Zentren.

4. Wir wählen eine der fünfzehn Transformationen, um die Struktur in ihrer Ganzheit ausgehend von diesem latenten Zentrum zu stärken. Dadurch entstehen neue Zentren und die Lebendigkeit des Systems wird insgesamt erhöht.

5. Wir testen, dass die Transformation erfolgreich und energieeffizient war. Bei Problemen machen wir die Transformation rückgängig.

Diese Schritte werden gemäß Situation und Bedarf wiederholt. Es entsteht laut Alexander ein Prozess aus strukturerhaltenden Transformationen, der zu einer steigenden Dichte und Intensität von Zentren und zu einem System mit wachsender Lebendigkeit führt.

Das Muster

Bis jetzt wurde noch nicht gefragt, warum es in der Natur überhaupt zu Transformationen kommt. Jede Transformation bewirkt laut Alexander, dass sich das System ein Stück mehr entfaltet, in seiner Ganzheit einen Schritt hin zu mehr Komplexität und Lebendigkeit macht. Dabei werden Strukturen gebildet und Funktionen unterstützt. Jede erfolgreiche Transformation hat positive Effekte, erzeugt Vorteile. Aus Sicht eines zielgerichteten Prozesses werden dabei Probleme gelöst.

Transformationen als Problemlösungen

Was die Natur ohne Bewusstsein vollzieht, tut der Gestalter bewusst. Er steht in einer Situation und sieht Bedürfnisse, gewünschte Funktionen und Formen. Er sieht Probleme und sucht nach Lösungen. Er ist an allen Abstraktionen und am Lernen interessiert, denn die Wiederverwendung von bewährten Lösungen erspart Arbeitszeit und führt zu mehr Effizienz.

Für eine Wiederverwendung von Lösungen müssen Situationen erkannt werden und mit dem vorhandenen Repertoire an Lösungen verglichen werden. Hierzu benötigt man Beschreibungen, die alle wesentlichen Informationen enthalten und die aus der Expertenkunst des Problemlösens das einfachere Handwerk machen, vorhandene Problemlösungen folgerichtig anzuwenden.

In diesem Zusammenhang gibt Alexander dem Begriff *Muster* seine Bedeutung. Er definiert ein Muster als eine Lösung zu einem Problem in einem *Kontext* (Anwendungszusammenhang). Die Beschreibung eines Musters wird formalisiert und besteht z. B. aus:

> *Mustername* (Bezeichnung*)*
> *Kontext* (Anwendungszusammenhang)
> *Ausgangssituation*
> *Problemlösung*
> *Ergebnissituation* (Resultat der Musteranwendung)
> *Wechselwirkungen* (Kräfte)
> *Anschlussmuster*
> *Zusatzinformationen* (je nach Anwendungsgebiet)

Der Begriff *Muster* bedeutet also etwas Konkreteres als in der Alltagssprache, etwas fast Technisches: eine Problemlösung in Form einer ausführlichen, verständlichen und methodischen Beschreibung. Die Assoziation zu einer Karteikarte oder zu mit einem Eintrag in einer Datenbank ist durchaus angebracht.

Muster sind modular und können somit von den Betroffenen schrittweise angewandt werden. Die Anforderung an eine solche Beschreibung ist, dass damit auch weniger erfahrene Anwender Probleme lösen oder über Lösungen mitentscheiden können. Das Konzept des *Musters* als eine *Problemlösung in einem Anwendungszusammenhang*, als nützliche Wissensvermittlung in wiederverwendbarer Form, ist attraktiv und zieht Anwender aus verschiedensten Gebieten an. Davon wird in Abschnitt 4 noch ausführlich die Rede sein.

Eine Anmerkung: Man könnte Alexander für einen Traditionalisten halten, weil er viele Wahrnehmungen an Hand alter Kunst und Architektur erklärt. Das wäre jedoch eine Fehleinschätzung, denn es geht Alexander nicht um die Fortschreibung alter Lösungen, sondern um gute Lösungen und das konkrete Entfalten heutiger Systemen. Das erfolgt oft in einer aktiven Suche nach neuen Mustern, als gezielte Exploration und Entwicklung.

Viele Muster erleben wir als Bestandteile unserer Kultur. Man kann solche Muster empirisch aufsuchen und beschreiben. Muster wie IGLU, KRIMINALROMAN oder FAHRKARTE sind in ihren Bereichen wiederverwendete Problemlösungen. Das scheint in den Bereich rein menschlicher Konstruktion und Interpretation und eine unendliche Vielfalt zu führen.

Einerseits sei jedoch daran erinnert, dass etwa im Bereich der natürlichen Organismen millionenfache Problemlösungen – z. B. PFLANZENWURZEL, RÖHRENKNOCHEN oder BLÜTE – jenseits menschlicher Kultur existieren; Karl Popper: *„Alles Leben ist Problemlösen"* (Popper, 1999). Das heißt, Muster sind nicht *nur* Kulturprodukte.

Andererseits sollte – bezüglich der unüberschaubaren Vielfalt – die Wichtigkeit der Strukturierung durch Anwendungsgebiete klar werden. Andernfalls würde durch ein *„Alles ist ein Muster"* das Gefühl entstehen, dass man *„vor lauter Bäumen den Wald nicht mehr sieht"*. Dieser Bedarf an Gliederung führt zum Begriff der Mustersprache (Alexander et al., 1977).

Mustersprachen – Werkzeugkästen der Veränderung

Einzelne Muster sind im Allgemeinen nicht ausreichend, um Systeme erfolgreich zu entfalten. Dazu müssten sie zufällig in eine Situation passen. Der Anwender benötigt vielmehr die Kenntnis von möglichst allen relevanten Mustern, um im Entwicklungsprozess jeweils eine gute Auswahl treffen zu können. Eine Sammlung von Mustern für ein bestimmtes Anwendungsgebiet nennt man eine *Mustersprache*.

Der Begriff Sprache rechtfertigt sich aus zwei Gründen: Einerseits kann man die Entfaltung an Hand von kontextbezogenen, vorhandenen Mustern strukturell als Formensprache verstehen. Andererseits ist jedes Muster auch ein Element einer Kommunikation zwischen Experten und Laien. Oft werden Begriffe neu geprägt oder vorhandene Begriffe geschärft, um Muster benennen zu können.

Am besten sammelt man die Muster systematisch wie eine Auswahl von Werkzeugen in einer Kartei oder Datenbank. Sehr gut eignet für diesen Zweck ein Wiki, weil dann viele Menschen formlos bei der Sammlung mitwirken und ihre Beobachtungen und Erfahrungen einbringen können.

Muster – Optionalität und Partizipation

Experten kennen die Probleme, untersuchen, erforschen und beschreiben sie als Muster für die Verwendung durch den weniger erfahrenen Experten oder Laien. Die Mustermethode ist so mit altruistischer Wissensvermittlung verbunden.

Im gewöhnlichen Alltag wird aber ein Wissensvorsprung nicht preisgegeben, sondern zum eigenen Vorteil verwendet. Der erwartete Übergang zu einer Wissensgesellschaft droht dieses Problem zu eskalieren.

Die Mustertheorie hat andere Ideale und Werte. Kulturell entwickelte Muster sind ein gemeinschaftliches Gut, auf das niemand monopolhaft Anspruch erheben kann. Es sind soziale und demokratische Ideen.

Die Rolle des Architekten verändert sich vom *„visionären Führer"* zu einem *„einfühlsamen Begleiter"*, der den Menschen hilft, ihre Umgebung zu gestalten und sich selbst zu entfalten, entsprechend ihren Bedürfnissen. Es geht um die Vermittlung von Handlungsmöglichkeiten, um die Identifikation der Betroffenen mit ihren Entscheidungen und den von ihnen mitgestalteten Umgebungen. Der Architekt hat als Gestalter dieses ganzen Prozesses einen wesentlichen Anteil an der Entfaltung des Lebens.

Folgt man dieser Vorstellung, so bedingt dies eine Atmosphäre größerer Offenheit, Transparenz und Partizipation. Die Mustertheorie verändert die Art unserer Weltbetrachtung. Christopher Alexander lässt uns die Welt als Fülle lebendiger Strukturen begreifen. Gefühle, Schönheit und Glück finden einen ausgeprägteren Platz in unserem Denken und Handeln.

Beispiele für Muster

Wie bereits erwähnt, ist es kaum möglich, einzelne Beispiele für Muster zu geben, die nicht aus dem Zusammenhang gerissen erscheinen. Musterbeschreibungen sind meist mehrere Seiten lang und werden erst im Rahmen von Mustersammlungen wirklich verständlich. Oft benötigen sie auch eine eigene Begrifflichkeit.

Deswegen soll hier nur eine sehr verkürzte Darstellung einiger aus ihren Zusammenhängen gerissenen Mustern gegeben werden. Es sind absichtlich Muster gewählt worden, die jedem vertraut sein sollten. Nicht vertraut wird dem Leser die Art Darstellung als Problemlösung sein, jedoch sollte die Methodik intuitiv erkennbar sein.

Mustername: VIER-AUGEN-PRINZIP
Zusammenhang: Entwicklung von Organisationen,
    aber auch von Menschen.
Ausgangssituation: Schwierige Entscheidungen
    verlangen besondere Maßnahmen zur Siche-
    rung ihrer Qualität.
Problem: Bei einsamen Entscheidungen von einzel-
    nen Verantwortungsträgern passieren Fehler,
    die leicht vermeidbar scheinen.
Problemlösung: Man strebt an, dass bestimmte
    Entscheidungen nicht von einem Menschen
    alleine getroffen werden, sondern dass ein Kon-
    sens mit einer zweiter Person erforderlich ist.
Anmerkungen: Das Prinzip verlangt annähernde
    Gleichwertigkeit der beteiligten Personen.
    Die Qualität von Entscheidungen wird sich im
    Normalfall verbessern; die Entscheidungen
    brauchen aber auch mehr Zeit.
Anschlussmuster: ORGANISATION, BERATUNG, EHE.

Im Grunde handelt es sich um ein sehr wichtiges soziales
Prinzip, das jedem Menschen nützlich sein kann. Man sollte
schon in der Schule lernen, dass man mit Schwierigkeiten zu
einer Vertrauensperson geht, um sich Rat und Hilfe zu holen.
Dass dieses Prinzip in der Gesellschaft auch organisatorisch und
rechtlich festgelegt wird, ist im Grunde eine andere Sache, eine
spezifische Anwendung. Man könnte auch die Ehe als eine
Implementierung dieses Musters sehen und daraus ein
zusätzliches Argument für Partnerschaftlichkeit und Gleich-
wertigkeit ableiten.

Mustername: UMFAHRUNGSSTRASSE
Kontext: Verkehrsplanung
Ausgangssituation: Die wachsende Größe von
    Städten

Problem: Der wachsende Verkehr ist ein Problem –
Staubildung, Effizienzverluste und
Umweltverschmutzung.

Problemlösung: Eine Schnellstraße leitet den Durch-
zugsverkehr um das Stadtzentrum herum. Trotz
längeren Wegen ergibt sich für den Durchzugs-
verkehr eine Beschleunigung. Das Stadtzentrum
wird gleichzeitig vom Verkehr entlastet.

Anmerkungen: Die gleiche Rolle kann auch eine
Stadt-Autobahn erfüllen. Ein System von
Abfahrten erleichtert auch die Zufahrt zu
bestimmten Teilen der Stadt. Der Straßenverkehr
steigt allerdings weiter an, denn jede Verbesserung im Straßenverkehrssystem zieht weiteren
Straßenverkehr an. Die Lärm- und Umweltbe-
lastung wird nicht nachhaltig verringert, sondern
erfordert weitere Maßnahmen.

Anschlussmuster: ÖFFENTLICHER VERKEHR,
AUTOBAHNABFAHRTEN, LÄRMSCHUTZWÄNDE,
ABGASNORMEN.

Wie gesagt, diese Darstellungen sind mehr Muster-Skizzen
und keine ausreichenden Beschreibungen. An diesem speziellen
Muster kann man zwanglos erkennen, dass Muster optional und
situationsabhängig sind. Eine Stadt wird erst ab einer bestimmten Größe, d. h. in einer bestimmten Phase der Entwicklung,
eine Umfahrung oder Stadtautobahn brauchen. Wichtig ist
sowohl die Kosten-Nutzen-Abwägung, aber auch die langfristige
Perspektive der Prioritäten, wo und wann man die Geldmittel
am besten einsetzt. Eine Umfahrung kann ein naheliegender
Entwicklungsschritt sein, aber der richtige Zeitpunkt und die
richtige Form sind nicht trivial.

Mustername: DES HELDEN BESTER FREUND
Zusammenhang: Geschichten z. B. in Romanen oder
Filmen

Problem: Die Dramatik einer Heldengeschichte
erfordert auch Nichtidealität und
Komplikationen.

Problemlösung: Man stellt dem Helden einen treuen,
aber weniger idealen Freund zur Seite. Dieser
kann leichter Fehler machen und in
Schwierigkeiten kommen, als es beim Helden
möglich wäre. Umgekehrt kann der Freund
einspringen, wenn der Held in Schwierigkeiten
kommt.

Beispiele: Sherlock Holmes und Dr. Watson, Kara
Ben Nemsi und Hadschi Halef Omar,
Robinson und Freitag, Frodo und Sam.

Anschlussmuster: GESTELLTE AUFGABE, HAPPY END.

Anmerkungen: Dialoge zwischen Held und Freund
geben zwanglos Gelegenheit, die Gedanken
des Helden darzustellen und ins rechte Licht
zu rücken.

Aus diesem Muster kann man erkennen, dass es nicht immer um Lebenswichtiges oder Dramatisches gehen muss. Unser Leben ist voller großer und kleiner Probleme und Lösungen auf allen Ebenen. Es ist subjektiv, was man persönlich als wichtig empfindet, für welche Arten von Problemen und Lösungen man sich interessiert und was man in Muster und Mustersprachen fasst.

Der Begriff Anti-Muster

Der Begriff Anti-Muster hat sich in der internationalen Software-Pattern-Community entwickelt und wird von Alexander nicht verwendet (Koenig, 1995) (Brown, 1998).

Von einem Anti-Muster spricht man, wenn ein Muster mehr Probleme erzeugt, als es löst, also insgesamt negativ wirkt. Ein Anti-Muster kann einerseits ein Muster sein, das durch veränderte Umstände kontraproduktiv geworden ist, also ursprünglich sehr wohl ein Problem gelöst hat. Andererseits kann ein Anti-Muster eine Scheinlösung sein, die nur vorgibt, ein Problem zu beseitigen.

Dem Begriff Anti-Muster liegt die allgemeine Beobachtung zugrunde, dass Muster auch Nebenwirkungen haben können. Zum Beispiel kann eine neu gebaute Fabrik erwünschte Arbeitsplätze und benötigte Produkte erzeugen, gleichzeitig aber zu Abfall- und Verkehrsproblemen führen. Das macht eine Fabrik noch zu keinem Anti-Muster. In solchen Fällen erwartet man natürlich, dass die Vorteile überwiegen und dass andere Muster eingesetzt werden, um die neu entstandenen Probleme zu beseitigen.

Ein drastisches Beispiel ist das Anti-Muster KRIEG. Der Krieg scheint ein Problem zu lösen, zumindestens für denjenigen, der erwartet, als Sieger seine Interessen durchzusetzen. Aber bei einem Krieg wird viel mehr an Werten zerstört, als an Vorteilen gewonnen werden kann. Die Ganzheit der Menschen erleidet einen Schaden. Die Lebensperspektiven ganzer Generationen und das Vertrauen für die gedeihliche Zusammenarbeit unter Nachbarn werden zerstört. Oft trägt die Ungerechtigkeit eines Kriegsausganges schon den Keim für den nächsten Krieg in sich. Trotzdem gibt es immer wieder Situationen, in denen Einzelne im Krieg einen Vorteil für ihre Interessen erwarten und einen Krieg durchsetzen.

Es ist klar, dass das Erkennen und Vermeiden von Anti-Mustern genauso im Interesse der Menschen liegen wie die Gestaltung ihrer Umgebung durch positiv wirkende Muster.

Der Prozess

Nachdem wir uns mit den Eigenschaften, Transformationen und Mustern beschäftigt haben, geht es nun um einen Blick auf den Gesamtprozess, der die Entfaltung von Leben ermöglicht. Der Prozess der Entfaltung bzw. Gestaltung besteht aus einer Folge von Schritten. Jeder Schritt ist eine Veränderung, eine Transformation. Insgesamt bilden die Schritte bzw. Transformationen eine Prozessabfolge.

Der mechanische Prozess

Die modernen Prozesse sind gemäß Alexander mechanisiert und kümmern sich nicht um die Lebendigkeit der Resultate. Die Gestaltungsaufgaben werden auf verschiedene Personen verteilt, die ihre Arbeit getrennt und arbeitsteilig erledigen. Es gibt keinen natürlichen Prozess zur Steuerung. Die Ganzheit spielt dabei keine wesentliche Rolle. Alexander: *„Ein solcher Prozess, der sich nicht an der Ganzheit orientiert, kann nicht zu lebendigen Strukturen führen. Es ist eine zweifelhafte Errungenschaft des 20. Jahrhunderts, diese nicht-lebendigen Prozesse erfunden zu haben und vorwiegend zu verwenden.“*

Die klassische Physik beruht auf dem Konzept des Raumes als einem abstrakten Medium, als Koordinatensystem, das außerhalb des Geschehens steht. Wir sind diese Sichtweise gewöhnt, aber sie ist nicht selbstverständlich. Sie ist nur eine Konstruktion und kein empirisches Faktum.

Der lebendige Prozess

Die neue Hypothese Alexanders ist, dass die Ganzheit etwas Reales ist und der Raum eine Potentialität für das Leben besitzt. Jedes Zentrum ist so etwas wie ein Lebensfunke im Gewebe des Raumes, aus dem die unerschöpfliche Vielfalt des Lebens wächst.

Wir können mit der Realität viel besser umgehen, wenn wir sie uns als eine Struktur lebendiger Zentren vorstellen. Das Geheimnis der Lebendigkeit liegt, so Alexander, in der Ausgewogenheit der Zentren und ihren vielfältigen Beziehungen. Es geht um Zentren und die gegenseitige Hilfe. Dieses Konzept verbindet untrennbar den Raum, die Gestalt und die Funktion. Wenn diese Beobachtungen Alexanders richtig sind, dann verändert sich das Bild der Architektur und das Bild dessen, was wir Menschen in der Welt sind und tun.

Die Natur kann als Lehrmeister für die Entfaltung von Leben dienen. Der Mensch ist ein Teil der Natur, und es gibt keinen grundsätzlichen Unterschied zwischen den natürlichen und den künstlichen Dingen und Prozessen. Es ist zu untersuchen, wie lebendige Strukturen sich über die Zeit verändern, wachsen und entfalten. Viele Erkenntnisse werden durch Wissenschaften wie Physik oder Biologie vermittelt oder ergeben sich durch eigene Beobachtungen.

Es gibt gemäß Alexander für jede Veränderung einen Grund. Veränderungen im Gestaltungsprozess kommen nicht aus einer plötzlichen Eingebung oder einer geheimnisvollen Inspiration. Muster lösen Probleme bzw. erfüllen Bedürfnisse. Eine einfache Grundregel Alexanders zur Erzeugung lebendiger Systeme ist: Jeder Teil soll so schön, wirksam, lebendig, qualitätvoll und funktionell wie möglich werden. Unsere Ideen über den Entwurf von Systemen müssen sich dazu radikal verändern.

Meist bestimmen Prozesse das Entstehen bestimmter Formen. Alexander zeigt diese Formen aus lebendigen Prozessen in den Meereswellen, im gerippten Sand und den Dünen der Wüsten, in den Erosionsformen der Gebirge und den Strukturen der atomaren Welt. Auch der Straßenverkehr bestimmt die Form der Straßen. Alexander gibt viele Beispiele dafür, wie grundlegend der Prozess für die Form eines Gegenstandes ist. In Grünanlagen bilden sich oft Trampelwege, weil die geplanten Wege den Bedürfnissen zuwiderlaufen. Deswegen ist es besser, die Form aus dem Prozess entstehen zu lassen und sie nicht vorher festzulegen.

Natürliche Entwicklungen gehen laut Alexander immer von der Ganzheit aus und sind schritthafte Prozesse. In der Natur finden keine sprunghaften Änderungen statt, sie können allenfalls so erscheinen, wenn mehrere Schritte rasch hintereinander ablaufen. Wir müssen uns erst mit der Idee anfreunden, dass wir immer nur eine Sache tun, immer schrittweise vorgehen sollen. Alexander empfiehlt: *„Immer das Wichtigste zuerst tun und es richtig machen. Den Schritt abschließen und das Ergebnis überprüfen, bevor der nächste Schritt begonnen wird."*

Die meisten lebendigen Prozesse sind Abfolgen sanfter, strukturerhaltener Transformationen. Eine Schwierigkeit besteht darin, dass es selbst bei gegebenen, plausiblen Schritten immer noch sehr viele mögliche Abfolgen gibt.

Die Prozessabfolge

Die Abfolge der Prozessschritten ist, so Alexander, von großer Wichtigkeit, denn der Prozess und die resultierende Struktur sind untrennbar miteinander verbunden, sie sind im Grunde ein und dasselbe. Eine kleine Änderung in der Abfolge kann die entstehende Form stark verändern. Ein Fehler in der Abfolge kann den Prozess auch komplett zerstören. Etwa, wenn ein talentierter Sportler zu früh in schweren Konkurrenzen „verheizt" wird.

Beim Versuch, Prozessschritte in eine gute Abfolge zu bringen, kann es sein, dass Muster verändert werden müssen oder dass es sogar notwendig ist, neue Muster zu erfinden. Schöne, lebendige Strukturen entstehen vorwiegend durch sanfte Prozessabfolgen.

Die Theorie lebendiger Prozesse, wie sie Alexander entwickelt, strebt im Kern ganz wesentlich nach diesem Prozesswissen um erfolgreiche, fehlerfreie, effiziente, generative, sanfte Prozessabfolgen. Das Wesentliche jedes Entwurfsprozesses besteht darin, eine generative Abfolge für den Prozess zu finden. Wenn Menschen einen Entwurfsprozess oder kreativen Prozess schwierig finden, dann weil es ihnen schwer fällt, den Prozess und die richtige Abfolge zu verstehen.

Die Seltenheit guter Prozessabfolgen

Wir machen einen kleinen Abstecher in die Mathematik, der zeigen soll, dass richtigen Abfolgen mathematisch gesehen unwahrscheinlich sind, sich nicht automatisch ergeben. Wer die Mathematik nicht liebt und diese Aussage ohnedies plausibel findet, kann diesen Abschnitt problemlos überspringen.

Ein Prozess sei durch eine Abfolge von Schritten (Transformationen) bestimmt. Bei N Schritten ergibt sich die Anzahl der möglichen Anordnungen als Funktion der Zahl N. Mathematisch wird das als $N!$ (die Fakultät von N) geschrieben.

Bei zwei Schritten A und B ($N=2$) gibt es auch nur 2 Abfolge-möglichkeiten (AB und BA), bei $N=3$ gibt es bereits 6 Möglich-keiten (ABC ACB BAC BCA CAB CBA), bei vier Schritten sind es 24 mögliche Abfolgen, bei zehn Schritten bereits unglaubliche 3.628.800 Abfolgemöglichkeiten.

N	$N!$ als Produkt	der Wert von $N!$
2	2	2
4	4.3.2	24
8	8.7.6.5.4.3.2	40.320 = 4,03 E+4
10	10.9.(...).3.2	3.628.800 = 3,63 E+6
20	20.19.(...).3.2	2,43 E+18
50	50.49.(...).3.2	3,04 E+64
100	100.99.(...).3.2	9,33E+157

Man sieht, dass die Zahl $N!$ mit zunehmendem N, das heißt mit zunehmender Komplexität der Prozesse, äußerst schnell ansteigt. Das Schlagwort von der *kombinatorischen Explosion* weist auf diese Problematik hin.

Betrachten wir diese Situation am Beispiel des Erlernens eines Musikinstrumentes. Dies umfasst typischerweise das Erlernen Dutzender technischer und gestalterischer Fertigkeiten. Diese werden in einer erprobten Abfolge, teilweise mit gebräuchlichem Übungsmaterial vermittelt. Der Prozess wird jedoch auch nach den Fähigkeiten und Neigungen des Schülers individualisiert. Die teilweise jahrhundertelange Ausreifung von tradierten Lehr- und Lernmethoden ist dabei ein wichtiger Teil der Praxis, die ein Laie leicht unterschätzen könnte. Autodidakten haben es vergleichsweise schwer und erreichen nur selten Professionalität. So wird sichtbar, wie wichtig ein guter Lehrer und der von ihm vermittelte individualisierbare Lernprozess für den Lernerfolg ist.

Gute Prozessabfolgen finden

Es ist möglich, auf logischem Weg bestimmte falsche Abfolgen auszuschließen, indem man berücksichtigt, welche Zentren schon vorhanden sein müssen, damit sich andere Zentren bilden und orientieren können. So ist es beim Hausbau natürlich nicht möglich, den Dachstuhl vor dem Kelleraushub zu montieren, und auch die übrige Reihenfolge der Handwerker ergibt sich weitgehend aus logischen Überlegungen. Aber selbst wenn 99 % der Möglichkeiten wegfallen, bleiben meist immer noch sehr viele Abfolgemöglichkeiten übrig.

Andererseits gibt es aber viele komplexe Situationen, vor allem in der menschlichen Gesellschaft, in der die Handlungsmöglichkeiten unüberschaubar sind und es an bewährten Prozessen mangelt. Ein Pensionssystem zu sichern, Arbeitslosigkeit zu bekämpfen oder ein Bildungssystem zu reformieren sind keine vielfach wiederholten Prozesse, wie es etwa ein Hausbau ist. Hier wird die kombinatorische Explosion zu einer Falle und die Politik, die kaum Zugang zu systemtheoretischen Überlegungen findet, ist fast zwangsläufig erfolglos.

Gute Abfolgen können auch durch Versuch und Irrtum gefunden werden. Werden Probleme sichtbar, so macht man, der Empfehlung Alexanders folgend, den letzten Schritt rückgängig und lässt das gelernte Wissen in eine neue Abfolge einfließen. Hier ist es einerseits wichtig, dass man Schritte rückgängig machen kann (Reversibilität), andererseits dass man nicht durch mehrere gleichzeitige Schritte die Situation kompliziert gemacht hat (Schritthaftigkeit).

Grundlegend wichtig ist die Bereitschaft, Fehler überhaupt wahrnehmen und aus ihnen lernen zu wollen. Das ist in vielen Situationen der Gesellschaft leider nicht selbstverständlich. Die Versuchung, Fehler zu vertuschen, ist groß, und die Möglichkeiten dafür sind durch Propaganda und Medienmacht enorm gewachsen. Die Überwindung, die nötig ist, um Fehler zuzugeben, und der Aufwand, den die Entwicklung guter Prozesse verlangt, lohnt sich in jedem Fall. Die fertigen, bewährten Prozesse können ja vielfach angewendet werden.

Die Architektur

Alexander will den Menschen helfen, ihre Umgebungen als lebendige, natur-ähnliche Strukturen zu sehen, zu verstehen und zu gestalten. Dies kann das Bild der Menschen von ihrem Leben und der Welt verändern. Der Same einer Eiche transformiert sich in vielen Schritten zu einer ausgewachsenen Eiche, obwohl Start- und Endpunkt völlig verschieden sind, und jede Zwischenstufe ist zu jedem Augenblick ausgewogen und harmonisch. Genauso wächst ein Mensch vom Embryo bis zum Erwachsenen heran, ohne je seine Vollständigkeit und Einzigartigkeit zu verlieren. Wenn wir Alexanders ganzheitlichen Prinzipien umsetzen, entsteht eine neue Architektur, eine neue Art der Gestaltung.

Gemäß Alexander ist es überall in der Welt möglich, eine Unterscheidung zwischen lebendigen und nicht-lebendigen Strukturen zu machen, wobei dies immer als graduelles Maß, als ein Mehr-oder-weniger verstanden werden muss. Mit „nicht-lebendig" ist im Alexander'schen Sinn lediglich eine geringe Lebendigkeit gemeint, eine Lebendigkeit, die unter ihren Möglichkeiten bleibt. Beginnend mit dem 19. Jahrhundert wurden laut Alexander mehr und mehr Gebäude und Gegenstände produziert, die in Bezug auf ihre Lebendigkeit enttäuschen, die er der Klasse der nicht-lebendigen Dinge zuordnet.

Alexander in verdichteter Form: *„Lebendige Systeme entstehen durch viele, oft tausende Einzelentscheidungen. Jede Entscheidung betrifft eine Transformation, oft die Anwendung und Adaptierung eines Musters. Die Abfolge der Prozessschritte ist grundlegend wichtig (kleine Auswahl aus N!), weil eine geänderte Abfolge auch das Ergebnis, die entstehende Form, verändert. Wir gehen davon aus, dass dies die Arbeit des Architekten ist. Der Architekt muss über die Theorie Bescheid wissen. Im Allgemeinen glauben die Menschen, dass der kreative Prozess geheimnisvoll und intuitiv ist. Man stellt dazu nicht viele Fragen, weil man meint, dass er sich nicht hinterfragen lässt. Dementsprechend schwierig gestaltet sich – etwa für Studenten – der Einstieg in kreative Berufe."*

Dagegen argumentiert Alexander, dass kreative Prozesse lediglich bestimmte Bedingungen erfüllen müssen. Verglichen mit den Millionen von Prozessen, die verwendet werden, von denen die meisten den Keim des Scheiterns in sich tragen, sind die funktionierenden kreativen Prozesse selten und daher kostbar. Es sind aber trotzdem Prozesse, die jeder erlernen kann bzw. an denen jeder teilhaben kann.

Lebendige Systeme enthalten Tausende von lebendigen Zentren. Als simples Beispiel dient Alexander ein Fensterbrett: Es ist ein lebendiges Zentrum, besitzt Form und Farbe, es ist mit dem Mauerwerk funktionell verbunden und bietet Platz für Blumen oder andere Dinge. Es steht zum Fenster in Beziehung. Es ist ein einfacher Gegenstand, aber seine Ausprägung erfordert eine vielfältige, feine Adaptierung. In gewisser Weise ist jedes Gestalten ein einfacher Vorgang, der jedoch in einem Bauwerk viele Tausende von Zentren betrifft und Zehntausende von Entscheidungen erfordert. Jedes Zentrum muss passend adaptiert werden und soll harmonisch zum Ganzen beitragen.

Alexander sieht den kreativen Vorgang weniger der Inspiration unterworfen, sondern vielmehr methodisch und handwerklich. Das Machen eines Bauwerkes oder Gegenstandes entwickelt sich an Hand der gegebenen Bedürfnisse bzw. Funktionen, für die das Objekt vorgesehen ist, in Zusammenhang mit der Ganzheit. Der Gegenstand entwickelt sich in einem Prozess, der durch die Mustersprache bestimmt ist. Die Transformationen finden in einer feststehenden Abfolge statt und lösen jeweils ein konkretes Problem. In jedem Schritt ist Raum für die Adaptierung des angewandten Musters und für Korrekturen an vorangegangenen Schritten.

Auf diese Weise ist es möglich, so Alexander, den kreativen Prozess relativ leicht zu lehren und zu lernen. Der betroffene Benutzer des Objektes soll mit seinen konkreten Bedürfnissen in den Gestaltungsprozess einbezogen werden. Der Architekt wird zum Treuhänder und Übersetzer der Mustersprache und zum Coach der Betroffenen. Die individuelle Ausgestaltung der Prozesse bestimmt die Qualität der Ergebnisse. Der einzelne Mensch und seine Partizipation ist wichtig.

Die Lebendigkeit des Alltäglichen

Besondere Kunstwerke und herausragende Gebäude scheinen oft nur für eine privilegierte Elite gemacht. Aber die Qualität des Lebens hängt, so Alexander, nicht mit elitären oder teuren Dingen zusammen, die Lebendigkeit existiert auch in den bescheidensten und gewöhnlichsten Aspekten unseres täglichen Lebens.

Die Lebendigkeit von großen Kunstwerken – etwa von Matisse oder van Gogh – begegnet uns in anderer Form gelegentlich, z. B. auch in einer schmutzigen Hütte eines Slums. Sie ist dort gemäß Alexander sogar wahrscheinlicher als in uniformierter Massenarchitektur. Selbst im Slum gibt es Leben als direkte menschliche Erfahrung, als Leid, Leidenschaft, Lebensfreude oder Herzenswärme. Alexander glorifiziert die Armut nicht, aber seiner Ansicht nach schließt sie wirkliches, unmittelbares Leben nicht völlig aus.

Lebendigkeit muss als eine Qualität des Raumes verstanden werden. Immer wieder findet Alexander ähnliche Konzepte oder Ordnungsstrukturen. Eine solche Struktur wird durch das Zen-Konzept *wabi to sabi* beschrieben, das dem japanischen Konzept *rostige Schönheit* entspricht. Solche Dinge sind schön, aber gleichzeitig alt, abgenützt oder beschädigt, jedenfalls nicht makellos, sie haben durch Gebrauchsspuren einen starken individuellen Charakter. Alles Lebendige ist, so Alexander, von dieser Art, in irgendeiner Form unvollkommen oder beschädigt. Etwas Makelloses, Perfektes kann nicht wirklich lebendig sein.

Alexander verweist auf die erstaunliche Tatsache, dass uns das Leben in verschiedensten Objekten, aber immer wieder in ähnlichen Formen begegnet. Sei es das wettergegerbte Gesicht eines alten Mannes, die Natürlichkeit einer unberührten Küstenlandschaft, oder die verwitterten Ornamente einer alten Moschee. Alexander hält fest: „*Großartige Beispiele des Lebens haben eine Unbeschwertheit und Ernsthaftigkeit, Unschuldigkeit und Einfachheit. Ihre spirituelle Tiefe ist kein mechanisches Ergebnis: Ihre Echtheit und Leichtigkeit macht uns durch die starke Resonanz in unserem Selbst atemlos oder knieweich. Diese Werke und Dinge machen das Essenzielle im Leben spürbar.*"

Um zur Lebendigkeit beizutragen, müssen wir zuerst verstehen, wie sie aus der Ganzheit entsteht, ja, wie sie der Ganzheitlichkeit entspricht. Gewöhnlichkeit und Mangel an oberflächlichen Image-Effekten sind die Haupteigenschaften, die in unserer Situation zur Lebendigkeit beitragen. Alexander will ermöglichen, Gebäude oder andere Gegenstände zu produzieren, die diese einfache Direktheit besitzen, sodass sich jeder mit ihnen vertraut und zu Hause fühlt, weil sie das tägliche Leben so natürlich unter stützen.

Alexander zeigt, dass dieses Konzept unseres Lebens direkt mit Ordnungsstrukturen verbunden ist, die sich in Raum und Zeit entwickeln. Diese können klar definiert, beschrieben und verstanden werden. In diesem Architekturkonzept wird ein Haus lebendiger, wenn in seinem Garten Enten wohnen. Unser Geist wächst in Beziehung zum Leben um uns, zur Lebendigkeit unserer Umgebung.

Es scheint verwirrend oder widersprüchlich, aber das Missverstehen dieses Aspekts ist dafür verantwortlich, dass es zeitgenössischer Architektur oft misslingt, lebendige Gebäude zu schaffen. Trotzdem gibt es auch positivere Beispiele, die nicht auf Oberflächlichkeiten beruhen, sondern mit denen wir uns in ihrer Ursprünglichkeit wohl fühlen. Diese Beispiele sollen uns inspirieren und als Sprungbrett für unsere eigenen Bemühungen dienen.

Der Traditionalismusvorwurf

Manche Kritiker werfen Alexander vor, ein Nostalgiker oder Traditionalist zu sein. Dafür gibt es Erklärungen: Alexander ist als Empiriker für die Wiederverwendung bewährter Lösungen und blickt damit systematisch auf das Vergangene zurück. In seinem Prinzip der strukturerhaltenden Transformationen ist der Respekt vor dem Bestehenden enthalten.

Jedoch gibt es keinen Grund, bei einer Bestandsaufnahme tradierter Muster stehen zu bleiben. Alexander tut das auch nicht, sondern entwickelt viele neue Muster aus den funktionellen Bedürfnissen der Menschen. Alles dient dem Leben, seiner

Veränderung und Entfaltung. Die Mustertheorie ist immer offen für das Neue und zuallererst ein Werkzeug der Veränderung.

Partizipation und gemeinsame Vision

Eines der Paradeprojekte Alexanders ist der Neubau der Eishin-Universität in Japan. Der Gestaltungsprozess und das Ergebnis sind in *The Nature of Order* auf vielen Seiten mit Dutzenden von Bildern dargestellt.

Anmerkung anlässlich der 2. Auflage: Ende 2012 veröffentlichte Alexander sein neuestes Buch *The Battle for the Life and Beauty of the Earth*, das ganz dem Eishin-Projekt und seinen technischen und sozialen Besonderheiten gewidmet ist. Dieses neue Buch ist nun die beste Quelle (Alexander, 2012).

Am Beginn des Projektes stand nicht der einsame Planer, sondern Alexander ging ganz direkt auf die Professoren und Studenten der Universität zu und fragte sie nach ihren Wunschvorstellungen, nach Dingen, die sie wirklich glücklich machen würden: *„Bitte schließt eure Augen und stellt euch den wunderbarsten Platz vor, den ihr euch denken könnt."* Und eine Antwort war beispielsweise: *„Entlang eines Flusses, Teiches oder des Wassers zu wandern"*. Also folgte Alexander dieser und vielen anderen Anregungen im Grundbestreben, die Träume der Befragten zu verwirklichen.

Daher wurde die Universität entlang eines Teiches realisiert, der das Zentrum des Campus bildet. Die Professoren und Studenten fühlten sich dort sofort zu Hause. Es gibt versteckte Orte, wo man alleine sein kann, unbeobachtet und unberührt von der Hektik an anderen Orten. Dies gibt den Benutzern ein Gefühl der Freiheit, das aus dem physikalischen Aufbau des Eishin-Campus kommt und neue Formen des Lebens ermöglicht. Ein Student erklärt: *„Zum ersten Mal in meinem Leben fühlte ich mich wirklich frei."*

Gemeinsame Gefühle

Es ist interessant zu untersuchen, was Menschen an Alexanders Denkweise am meisten fasziniert. Vielleicht gibt eine kleine Erlebnisbeschreibung dazu den direktesten Einblick.

Einmal wurde ein Film über Alexanders Arbeit gezeigt. Jemand fragte *„Wie sind sie auf die Mustersprache gekommen? Wie kamen sie an das Material?"* Alexander sagte: *„Es war wie bei anderer wissenschaftlicher Arbeit. Meine Kollegen und ich beobachteten, was funktionierte, studierten es, versuchten das Wesentliche herauszufinden und zu beschreiben. Aber eines machten wir anders: Wir gingen davon aus, dass sich alles auf die Realität menschlicher Gefühle gründete und – das ist der ungewöhnliche Ansatz – dass menschliche Gefühle meist übereinstimmen. Das gilt zwischen zwei Personen, aber auch bei mehreren Personen. Natürlich gibt es auch Gefühlsbereiche, wo wir uns alle unterscheiden, jeder hat seinen individuellen Charakter und seine unverwechselbaren Besonderheiten. Darauf konzentrieren sich Menschen üblicherweise, wenn sie über Gefühle sprechen. Aber diese besonderen Eigenarten machen nur ca. 10 % unserer Gefühle aus. 90 % unserer Gefühle drehen sich um Dinge, die wir ganz gleich empfinden. Wenn wir also eine Mustersprache suchen, dann konzentrieren wir uns auf jenen Teil menschlicher Gefühle, den wir alle teilen. Das ist es: eine Aufzeichnung der 90 % unserer Gefühle, die sich gleichen und die uns Menschen verbinden."*
Die Leute erhoben sich erregt und applaudierten.

Daraus wurde *mir* klar, was sie an dieser Idee so bewegte. Sie sahen in Alexander jemand, der überzeugend darlegte, dass es eine starke und breite verbindende menschliche Gefühlsbasis gibt, der sie sich so gar nicht mehr bewusst gewesen waren.

4 Anwendungsbeispiele

Die Anwendung der Mustertheorie erfolgt praktisch durch das Sammeln von Mustern in Mustersprachen und durch die Entwicklung funktionierender Prozesse. Man soll sich das jedoch nicht als einen einmaligen Vorgang vorstellen, sondern als ein ständiges Lernen, ein fortwährendes Wechselspiel zwischen dem praktischen Gestalten und dem theoretischem Begreifen. Die Anzahl der möglichen Entfaltungsergebnisse ist praktisch unendlich groß, so wie die Anzahl der möglichen Musikstücke, Gebäude, Schachpartien oder Ölgemälde. Es ist ein Lernprozess, der nie abgeschlossen sein kann. Jeder Tag kann neue Beobachtungen oder Explorationen bringen. Jede Mustersprache kann jederzeit durch neue Muster erweitert werden, jedes Muster in seiner Beschreibung ergänzt werden. Jeder Prozess kann Neuerungen erfahren. Wie überall gilt hier das Prinzip der Schritthaftigkeit.

Muster in der Architektur

Die allererste Mustersprache wurde von Christopher Alexander selbst in seinem Buch *A Pattern Language* veröffentlicht (Alexander et al., 1977). Es gibt eine deutsche Übersetzung: *Eine Mustersprache* (Alexander et al., 1995). Das Buch enthält 253 Architekturmuster, wobei sich diese Muster auf drei große Bereiche beziehen.

Der erste Teil bezieht sich auf regionale und städtische Strukturen. Hier geht es um die Nutzung von Flächen. Alexander beschreibt die räumliche Verteilung der Städte, die natürliche Trennung in landwirtschaftliche Gebiete und städtisch-industrielle Gebiete, die vorteilhafte Anordnung von Verkehrswegen, günstige Gebäudehöhen, die Versorgung mit Geschäften und die Organisation des öffentlichen Verkehrs. In die

Beschreibungen fließen auch Forschungen über die optimale Größe von Stadtbezirken und Großstädten ein. Alexander beschränkt sich bei weitem nicht auf rein strukturelles Wissen, sondern es ist ihm auch an brauchbaren Berechnungsformeln gelegen, die geeignet sind, die praktischen Entwicklungen zu leiten.

Der zweite Teil beschreibt in einer großen Vielfalt Muster in Verbindung mit Gebäuden. Da geht es um verkehrsberuhigte Straßen, die günstige Verbindung von Fußgängerzonen und Parkgelegenheiten, Häuser und Wohnungen für verschiedene Arten von Familien, für Singles und alte Leute, um Kleingeschäfte und Straßencafés. Immer wieder geht es darum, Platz für alle Formen von Leben zu schaffen, Platz für Kinder und für Berufstätige mit ihren speziellen Bedürfnissen, aber ebenso für alte Menschen, für Pflanzen und Tiere. Man braucht Platz für Entspannung und Freiheit in Parks, Promenaden und am Wasser. Es soll immer Platz für alle Menschen und alle Lebensformen geben. Das Reihenhaus wird ebenso beschrieben wie der Einpersonenhaushalt, der Markt ebenso wie die offene Universität, das Nahversorgungsgeschäft ebenso wie der Abenteuerspielplatz.

Der dritte Teil thematisiert Konstruktionsdetails an und in Gebäuden: Die Lage von Haus und Garten, die Ausrichtung nach Süden, Wohnküchen und Plätze für Kinder, Räume als Rückzugsorte für den Einzelnen. Wohnräume werden nach ihrer zunehmenden Intimität angeordnet. Ein Muster beschäftigt sich mit Orientierungshilfen für Fremde in öffentlichen Gebäuden und Büros. Bei der Form und optimalen Breite von Balkonen geht es um die ganz konkrete Optimierung von Abmessungen. Thema ist auch die Gestaltung von Grundrissen und von Dächern, der Umgang mit Sonne bzw. Licht und die Gartengestaltung. Dies kann nur einen kurzen Eindruck vom Reichtum der Konzepte vermitteln.

In diesen Mustern zeigt sich gelegentlich auch das angloamerikanische Kulturverständnis. Mustersprachen sollen und können ja nicht unabhängig von der Kultur sein, spiegeln sie doch die Bedürfnisse der Menschen wieder, die sich in der Kultur ausdrücken und von ihr geprägt werden. Beispielsweise beschreibt Alexander das Muster MOSAIK DER SUBKULTUREN für ethnisch dominierte Stadtbezirke (man denke an ein „*Chinatown*" oder „*Little Italy*"). In Europa gibt es demgegenüber wohl weniger Veranlassung, ein solches Muster zu definieren.

Das Buch *A Pattern Language* bildet eine logische Einheit mit dem in der gleichen Zeit entstandenen Buch *The Timeless Way of Building* (Alexander, 1979) *(Die zeitlose Kunst des Bauens)*, das die passenden theoretischen und methodischen Überlegungen dazu enthält. Zusammen haben diese beiden Bücher, die etwa 1977-1979 veröffentlicht worden waren, zwanzig Jahre lang den wichtigsten Zugang zur Denkweise Alexanders gebildet, bis sie in dieser Rolle durch die Neufassung *The Nature of Order* abgelöst wurden. Diese erste Fassung hat ihren eigenen Charme. Sie ist teilweise dogmatischer und poetisch, während in der zweiten Fassung das Gewicht mehr auf einer geschlossenen Argumentationskette, der anschaulichen Projekt- und Foto-dokumentation und allgemeinen philosophischen Betrachtungs-weisen liegt.

Muster in der Softwareentwicklung

In der Softwareentwicklung hat die Idee der Muster eine besonders engagierte Anhängerschaft. Beginnend mit der Erfindung der Computer war ja auch das Schreiben der erforderlichen Programme immer wichtiger geworden. Betriebs-systeme, Datenbanken, Konstruktionsprogramme und Compu-terspiele sind im Laufe von einigen Jahrzehnten zu erstaunlicher Komplexität gewachsen. Es gibt Zehntausende von Software-anwendungen, von der ärztlichen Patientenverwaltung über die Gepäcksteuerung auf Flughäfen bis zum Videoschnittprogramm für Hobbyfilmer.

Bei diesen Anwendungen arbeiten oft Hunderte von Programmierern zusammen, um die komplexe Logik zu erstel-len. Die Struktur dieser Programme, die aus vielen Millionen Einzelbefehlen bestehen, wurde dabei zunehmend wichtiger. Anfangs war die *Funktion* als *Zusammenfassung von Befehlen* im Zentrum der Entwicklung, dann schuf die *strukturierte Program-*

mierung in den 70-er Jahren neue Vorstellungen über die Qualität der Anordnung von Befehlen.

Schließlich folgte ein neues Paradigma, die sogenannte *objektorientierte Programmierung*. Dieser letzte Entwicklungsschritt fasst Datenstrukturen und Funktionen zu modularen Einheiten, den so genannten Objekten, zusammen. Die Mustertheorie ermöglichte in der Folge, gemeinsame Prinzipien von Objekten in verschiedenen Anwendungen zu erkennen, sie als prototypische Problemlösungen zu beschreiben und wiederzuverwenden.

Software Design Pattern

Besonders erfolgreich war eine Gruppe rund um Erich Gamma, die mit ihrem Buch *Design Patterns* (*Entwurfsmuster*) große Zustimmung fand und eine Suche nach weiteren interessanten Problemlösungen anregte (Gamma et al., 1995). Das Buch beschreibt 23 Muster. Sie sind wohl zu technisch, um sie hier detailliert zu beschreiben.

Es ist aber erwähnenswert, das sich auf Grund dieser Musterbeschreibungen tatsächlich so etwas wie eine sprachliche Entwicklung ergeben hat. Softwareentwickler können jetzt Ideen, die früher einer umfangreichen Beschreibung bedurft hätten, einfach kommunizieren, indem sie sich mit klaren Begriffen auf diese neuen Muster beziehen.

Extreme Programmierung

Einige Jahre später folgte eine parallele Bewegung im methodischen Bereich, die noch stärker die Prinzipien der Mustermethode aufgriff. Diese Bewegung wurde anfangs unter dem Begriff *Extreme Programmierung* (*extreme programming*), später unter dem Begriff *agile Entwicklungsmethoden* populär *(Beck, 2004)*.

Die wichtigste Neuerung war ein Abgehen vom früheren Planungsmodell. Traditionell wurden Softwareprojekte wie Großbauprojekte geführt, bei denen das Endprodukt bis ins Detail schon bei der Auftragserteilung feststeht. In der Softwareentwicklung hatte sich dieses Modell zwar etabliert, war aber in der Praxis nie besonders erfolgreich. Die Rahmenbedingungen verändern sich meist so schnell, dass Großprojekte schon vor Ende ihrer mehrjährigen Entwicklung veraltet sind. Umplanungen sind teuer oder scheitern an bestehenden Verträgen bzw. hohen Nachforderungen, so dass diese zu einem dramatisch niedrigen Anteil erfolgreicher Softwaregroßprojekte kam.

Die agilen Methoden gingen einen anderen Weg. Erstes Ziel war es, möglichst innerhalb von ein paar Wochen ein nützliches Grundprogramm zu entwickeln, das mit einer Handvoll Funktionen schon einen ersten Nutzen für den Kunden erbringt.

Alle weiteren Anforderungen werden laufend gesammelt und aus einer Prioritätenliste in den Entwicklungsprozess eingelastet. Man macht immer das Wichtigste zuerst. Der Kunde schließt einen Vertrag über die Entwicklungskapazität ab, nicht über den Funktionsumfang. Er bleibt immer Herr des Entwicklungsprozesses, indem er jeden Tag Anforderungen verändern und Prioritäten neu bestimmen kann. Damit ist der Prozess flexibel und erfolgt Schritt für Schritt.

Ein weiterer Vorteil für den Kunden: Das Verhältnis von Kosten und Aufwendungen wird wesentlich transparenter, weil er alle Schätzungen mitverfolgen kann und auf Grund dieser Informationen seine Entscheidungen trifft. Das Vertrauen zwischen dem Auftraggeber und den Entwicklern wird gestärkt.

Ein Problem großer Projekte war immer die persönliche Abhängigkeit von Spezialisten, die nicht krank werden oder vom Projekt abspringen konnten, ohne gravierende Probleme auszulösen. Dieses Problem wurde methodisch gelöst. Die Entwicklung erfolgt in Rotation, sodass jeder Mitarbeiter sich Kenntnisse in allen Bereichen erwirbt und sie auch laufend anwendet. Man arbeitet in wechselnden Zweier-Teams, sodass sich die Kommunikation und der Wissenstransfer verbessert. So wird man völlig unabhängig vom Ausfall einzelner Personen bzw. die Betreffenden werden vom totalen Stress, dass von ihnen Erfolg und Misserfolg abhängt, befreit.

Aus Platzgründen kann hier nur ein kleiner Einblick gegeben werden. Insgesamt entsteht ein völlig neuer, sehr flexibler Prozess der Softwareentwicklung, der sich tagtäglich den aktuellen Anforderungen anpasst. So wird sowohl für die Entwickler als auch für die Auftraggeberseite ein entspanntes und befriedigendes Arbeiten ermöglicht.

Muster in Online-Communities

Mit dem Aufschwung des Internet haben auch soziale Gruppen, sogenannte *Online-Communities* ein großes Betätigungsfeld vorgefunden. Bekannt sind die Anwendungen wie Foren, Wikis, Mailing-Listen oder Blogs und die großen, erfolgreichen Projekte wie Linux oder Wikipedia. Im Großen und Ganzen handelt es sich um Systeme, die meist von Idealisten initiiert werden und die auf der Idee von Kooperation und dem Teilen von Wissen beruhen.

Sieht man von oberflächlichen Merkmalen ab, so sind Online-Communities recht merkwürdige sozio-technische Gebilde, die nicht leicht zu verstehen und zu handhaben sind. Man kann sie nicht wie technische Geräte einschalten und erwarten, dass sie funktionieren. Dazu ist der Anteil des Faktors Mensch am Erfolg zu hoch. Tatsächlich haben auch nur ein paar Prozent der Projekte Erfolg im Sinne von größerer Benutzerzahl, interessantem Inhalt und einer verhältnismäßig längeren Lebensdauer.

Wenn Online-Communities erfolgreich sind, schaffen sie allerdings Erstaunliches. So hat der Weltkonzern Microsoft alle kommerziellen Konkurrenten auf dem Markt der PC-Betriebssysteme aus dem Feld geschlagen. Das Community-Projekt Linux, gegründet vom finnischen Studenten Linus Torvalds, hat es mit der Arbeit von Freiwilligen geschafft, ein gutes, alternatives Betriebssystem zu erzeugen. Es ist erstaunlich, dass Milliarden von Dollar offenbar nicht erfolgsentscheidend sind. Der Wunsch ist naheliegend, solche Erfolge in anderen Organisationen, in kommerziellen Firmen ebenso wie in nichtkommerziellen Initiativen und öffentlichen Einrichtungen zu wiederholen. Jedoch ist das schwierig, und es ist zunächst nicht ganz klar, woran das liegt. Es gibt daher den Wunsch, die sozialen Strukturen und Mechanismen besser zu verstehen.

Ein Faktum ist, dass es in diesem Bereich um Reproduzierbarkeit und Vorhersagbarkeit schlecht bestellt ist. Niemand könnte z. B. mit den gleichen Verfahrensweisen eine zweite Wikipedia gründen und erfolgreich sein. Die Netzteilnehmer würden einfach nicht verstehen, was der Sinn eines ähnlichen konkurrierenden Systems sein soll. Es müsste also ein markant anderes Profil haben und damit neue Identifikationsmöglichkeiten schaffen.

Was man aber tun kann, ist, die vorhandenen Systeme nach Eigenschaften untersuchen, die sich als Erfolg bringend bewährt haben und aus diesen Bausteinen neue Online-Communities zu bauen, die durchaus alltägliche und weniger spektakuläre Ziele haben können. Sie können etwa der Organisation einer Konferenz dienen oder den Unterricht an einer Schule unterstützen. Es muss aber eine ausreichende Struktur vorhanden sein, damit das System nicht stagniert.

Das Ziel bei der Gründung einer Online-Communities ist die Etablierung eines lebendigen sozialer Gebildes, das aus der Begeisterung der für das Projekt gewonnenen Benutzer eigendynamisch weiter wächst und an Bedeutung zulegt.

Die erfolgsträchtigen Strukturen und Eigenschaften lassen sich am besten in Mustern darstellen. Sie entstehen in bestimmten Anwendungszusammenhängen, lösen bestimmte Probleme und sind optional. Dabei gibt es sehr unterschiedliche Typen von Mustern, wie: Projektmuster, Anwendungsmuster, Rollenmuster, Inhaltsmuster, Lizenzmuster und Verfassungsmuster, um nur einige zu nennen. Es sind wohl einige hundert Muster, viele noch kaum beschrieben, die in Summe das Wissen um Online-Communities abdecken und für die Entwicklung von Projekten herangezogen werden können.

Die inhaltliche Reflektion und Aufarbeitung der Erfahrungen zu Online-Communities findet vor allem in Wikis statt. Als *Wiki* bezeichnet man eine Sammlung von Internetseiten, die gemeinschaftlich bearbeitet werden kann. Das bekannteste Projekt dieser Art ist die Wikipedia (Wikipedia, 2001). Wikis bieten maximale Freiheiten, Inhalte gemeinsam zu schreiben und zu nützen.

Muster in einer sozialen Erneuerungsbewegung

Ein anderes aktuelles Projekt wird von einer Gruppe rund um den englischen Informatiker und Sozialaktivisten Doug Schuler organisiert. Er ist Mitglied der *Computer Professionals for Social Responsibility* (CPSR, *Informatiker für Soziale Verantwortung*). Teilnehmer sind hauptsächlich Universitätsangehörige aus aller Welt.

Diese Gruppe hat ab 2001 begonnen, Muster zu sammeln, die dazu führen sollen, dass die moderne Computer- und Informationstechnik in sozialem Sinn genutzt wird. Dazu wurde eine Mailing-Liste zur täglichen Kommunikation der Teilnehmer eingerichtet und eine Website als Datenbank zum Sammeln und Kommentieren von Mustern aufgebaut (Public Sphere Project, 2001).

In dieses System haben die Benutzer aus aller Welt ihre Konzepte eingetragen. Es geht um die Organisation sozialer Gruppen und die Steigerung ihrer Dynamik. Viele Muster beschäftigen sich mit den Problemen des *Digital Divide*, der Kluft im Technologiezugang zwischen Gruppen unserer Gesellschaft ebenso wie zwischen den weniger entwickelten Staaten und den Industriestaaten.

Bis Anfang 2006 wurden etwa 500 Muster gesammelt, wobei der Ausarbeitungsgrad recht uneinheitlich war. Manche Muster waren vollständige Beschreibungen von Problemlösungen und ihrer Zusammenhänge, so wie man das als Anwender erwarten würde. Andere Muster waren nur so etwas wie Grobkonzepte oder Ideen, die nicht ausgearbeitet worden waren. Zwischen diesen Extremen gab es alle möglichen Abstufungen.

Anfang 2006 hat man sich entschlossen, die bis dahin ausgearbeiteten Muster zu sichten und die interessantesten davon in einem Buch zu veröffentlichen. Dieses Buch mit dem

Arbeitstitel *Liberating Voices* wird im Herbst 2007 bei MIT Press erscheinen und man darf sehr gespannt auf seinen Inhalt sein. Anmerkung anlässlich der 2. Auflage: Das Buch erschien tatsächlich als *Liberating Voices,* enthält 132 Muster, und wurde von den Lesern sehr gut aufgenommen (Schuler, 2008). Aus dem Buch und den Aktivitäten der damit verbundenen Pattern-Community sind eine Reihe von interessanten spin-off-Projekten entstanden. Erwähnt seien hier Muster-Kartensets und spezielle Workshop-Formate, die als beispielgebend für die Vermittlung von Mustern gelten können.

Muster in der Regionalentwicklung

Eine große Herausforderung der heutigen Zeit ist die Entwicklung ländlicher Lebensräume, die gegenüber den Städten immer mehr ins Hintertreffen geraten und von zunehmender Abwanderung bedroht sind. Gleichzeitig leiden aber auch die Städte unter einer Überforderung durch den Zuzug, der viele Probleme schafft. Hervorgehoben seien an dieser Stelle soziale Probleme, Verkehrsprobleme und Umweltprobleme.

Traditionellerweise werden die Prozesse zur Unterstützung benachteiligter Regionen durch regionale Förderungen initiiert und gesteuert. Sehr oft taucht das Problem auf, dass Fördergelder zwar Projekte ermöglichen, aber mit dem Auslaufen der Fördergelder auch die Aktivitäten enden. Die Nachhaltigkeit – obwohl ein gerne benutztes Schlagwort – zu sichern ist ein nicht leicht zu erreichendes Ziel.

Die Regionalentwicklung ist auch eine interessante Anwendung von Online-Communities. Sie entstehen meist auf Grund der Initiative einzelner Personen ohne institutionelle Unterstützung als sogenannte Graswurzel-Bewegungen, die vor allem daran interessiert sind, einen Themenbereich voran zu bringen.

Als Beispiel dient uns hier eine Gruppe von Leuten rund um den Initiator Franz Nahrada, Wiener Soziologe und Pionier der Regionalentwicklung in Verbindung mit dem Internet und Neuen Medien. Er hat das Konzept *globale Dörfer* entwickelt, welches Ideen der Regionalentwicklung mit den Möglichkeiten moderner Informationstechnologien zu einem schlüssigen Gesamtkonzept verbindet (DorfWiki, 2004).

Die Verwendung von Mustern spielt dabei eine kleine, aber wachsende Rolle. Ursprünglich war die Vision eines globalen Dorfes wohl eher eine idealtypische Vision, die modernster Technologie mit futuristischer Architektur verband. Das Problem ist nur, dass solche Konzepte meist Vision bleiben, man also auch kaum Erfahrungen mit ihnen sammeln kann. Oder sie werden realisiert und erfüllen die Erwartungen nicht, weil sie eben einem großen Entwurf entstammen, der ohne Schritt-haftigkeit an den Lebensbedürfnissen vorbei erfolgt ist.

Der realistischere Weg ist aber jener der kleinen Schritte. Es gibt Weiterentwicklungen von Prozessen, die zum Ziel haben, dynamische Dorferneuerung in Bewegung zu setzen. Es gibt die Erkenntnis, dass es verschiedene Typen von Orten gibt, die durchaus ganz verschiedene Wege in die Zukunft wählen kön-nen und trotzdem jeweils ein produktiver und kooperativer Teil der Idee sein können. Es gibt zunehmend konkrete Vorstell-ungen in Form von Mustern, wie etwa ein DORFZENTRUM oder LERNORT technisch und sozial aufgebaut sein soll, um seine Rolle erfüllen zu können. Es gibt auch immer konkretere Bewegungen, die sich für eine produktive, überregionale und internationale Zusammenarbeit einsetzen. Dabei helfen moderne Technologien wie Video-Konferenzsysteme. Die Produktion gemeinsamer multimedialer Inhalte (*Content*) dient dazu, geteil-tes Wissen verfügbar zu machen. Man erkennt, dass es nicht primär um Technik geht, beispielsweise um Telearbeitsplätze, sondern um eine neue Kultur der Kooperation und Ko-Evolution.

Der Großteil dieser Fortschritte ist in der Mustermethode konzeptualisierbar, wenn sie auch noch kaum systematisch angewandt wird. An Stelle großer Entwürfe tritt die Exploration, das schnelle, schrittweise, beispielhafte Ausprobieren. Die Erfahrungen an verschiedenen Orten stehen nicht in Konkur-renz miteinander, sondern bilden Bausteine, die man kommuniziert und optional verwendet und verbessert. Der gemeinsame Prozess und das Teilen von Ressourcen und Erfahrungen stehen im Vordergrund.

Muster – Chancen in der Pädagogik

Dies ist ein spekulativer Abschnitt, den ich mir nach vielen Ehejahren mit einer Hauptschullehrerin erlaube. Zur Situation: An den österreichischen Hauptschulen wird sehr viel Wert auf die Unterrichtsmethodik gelegt, weil man viele Kinder unterrichtet, die nicht leicht lernen. Einerseits erfasst die Hauptschule die schulisch schwächeren Kinder, andererseits sind auch viele Kinder durch schwierige Familienverhältnisse oder leichte körperliche oder geistige Behinderungen oder Verhaltensauffälligkeiten belastet.

Die große praktische Rolle der Pädagogik ist klar und das müsste eine entsprechende Wertschätzung der theoretischen Pädagogik erwarten lassen. Eine solche existiert jedoch unter den Lehrern nicht, was verständlich wird, wenn man als interessierter Laie in die fachpädagogischen Bücher schaut. Die theoretische Pädagogik stellt sich vielfach als eine Mischung aus akademischer Phrasologie und übertriebenen theoretischen Positionen mit geringer praktischer Einsetzbarkeit dar.

Natürlich arbeiten Lehrer zunehmend nach modernen Lehrmethoden, weit entfernt vom alten Frontalunterricht. Es gibt viele neue Unterrichtsformen, in denen spielerisch oder projektorientiert, mit modernen Lernmaterialien bzw. in Gruppen gelernt wird. Die Theorie aber bietet Extrempositionen wie die drei Lerntheorien: das behaviouristische Modell (das Lernen durch Automatisieren von Abläufen), das kognitive Modell (das Lernen durch nachvollziehendes Verstehen) und das konstruktivistische Modell (das Lernen durch Entfaltung vorhandener Wahrnehmungs- und Denkstrukturen).

Für die Praxis nützlicher sind jedoch Autoren, die sich als Proponenten praktischer Methoden (genannt sei z. B. die nach Heinz Klippert benannte Klippert-Methode) hervortun. Aber diese Autoren pushen ihre Methoden wie Markenprodukte. Sie übertreiben die Einsetzbarkeit ihrer Methode und vernachlässigen die Anbindung an andere, weniger aufwändige Lehrmethoden.

Nichts ist daran völlig falsch oder abzulehnen, aber trotzdem befriedigen die vertretenen Positionen nicht. Es gibt keine von Menschen unabhängige Kausalität des Lernens. Es kann kein Patentrezept des Lehrens bzw. Lernens geben, das immer funktioniert. Es existieren verschiedene Formen des Lernens nebeneinander, und verschiedene Methoden und Lehrmittel sind je nach Situation optimal.

Zum Beispiel ist Gruppenarbeit gut, aber wer sie übertreibt, wird Mitläufer hervorbringen, die mit wenig Eigeninitiative mitschwimmen und dabei auch nur wenig lernen, während leistungsfähige oder ungeduldige Schüler die Hauptarbeit übernehmen. Das „Drillen" ist nicht mehr modern, aber z. B. im Sport oder zur Beherrschung von Musikinstrumenten braucht man sehr wohl eine Automatisierung der Bewegungsabläufe und kommt um ein entsprechendes Lernen mit vielfachen Wiederholungen nicht herum. Ähnliche positive Beispiele und Einschränkungen gibt es bei allen Lerntheorien und Modellen.

Die Wahl der Methode kann mit dem Stoff und den Schülern zu tun haben. Es kann aber auch davon abhängen, ob der Lehrer in der zweiten oder siebenten Schulstunde unterrichtet. Im letzten Fall ist es umso wichtiger, die Schüler aktiv arbeiten zu lassen, da ihre Aufnahmefähigkeit schon stark abgenommen hat. Verschiedene Methoden haben Vor- und Nachteile. Ein vielfältiges Methodenangebot ist durch die Mustertheorie leicht in ein Konzept zu bringen. Manchmal kommt man mit ein bisschen Frontalunterricht schnell vorwärts. Das Gelernte kann spielerisch und in Gruppen gefestigt werden. Es braucht keine Rezepte zu geben. Das Lernen braucht Effizienz, Begeisterung und Abwechslung. Es ist die Kunst des Lehrers, Situationen und Schwierigkeiten bei Schülern zu erkennen und die Brücke zum Verständnis zu bauen.

Lehrer sollten nicht durch pädagogische Modeströmungen gegängelt werden, sondern vielmehr ein Repertoire an Möglichkeiten benutzen können, das nicht durch Ideologien belastet ist. Dieses Repertoire können sie in Gemeinschaft und im Erfahrungsaustausch mit ihren Kollegen pflegen und dann die in der Situation passende didaktische Methode auswählen.

Teilweise findet man auch in der Literatur Begriffe wie *Lernszenarios* oder *didaktische Modelle*. Dabei drängt sich die Ähnlichkeit zum Konzept der Mustersprachen auf. Es werden Situationen und Abläufe beschrieben, wobei allerdings nicht diese Allgemeinheit des Denkansatzes zu beobachten ist. Oft fehlen die Querverbindungen, die Alternativen oder die Nachteile.

Die Mustertheorie betont die Optionalität und Wahlfreiheit der eingesetzten Werkzeuge und die Autonomie der Beteiligten, in diesem Fall der Lehrer bzw. auch der Schüler. Sie macht bewusst, dass es eine große Vielfalt von Möglichkeiten gibt und dass es wirklich auf die Person und die Fähigkeit jedes einzelnen Lehrers ankommt. Man soll daher den Erfahrungsaustausch fördern und die in der Praxis angesammelten Muster weitergeben. Dabei entstünde eine praktische Theorie, die sich am Menschen orientiert und von den Erfahrungen der Lehrenden und Lernenden ausgeht.

Das Problemlösen ist ein zentraler Vorgang. In der Mustertheorie kommt es in mehreren Formen vor: im Muster als Analyse und Beschreibung einer Problemlösung, in der Gestaltung als Erkennen von Problemsituationen und in der Anwendung bei der Individualisierung der Problemlösung. Das ist wichtig zu lernen. Poppers „Alles Leben ist Problemlösen" gilt.

Die erste Lösung eines Problems erfordert die meiste Energie. Gesellschaftlich ist es deswegen von Vorteil, voneinander zu lernen, vor allem wie man Probleme lösen und Lösungen anwenden kann. Jeder Mensch verbringt viel Zeit mit dem Lernen. In der Schule und weiterer Ausbildung geschieht es geplant, aber eigentlich lernt man ein Leben lang.

In dieser Situation ist es erstaunlich, wie wenig man junge Menschen an Hand von Problemen lernen lässt. Sehr viel wird abstrakt gelernt, sehr viel in Form von trockenem Faktenwissen.

Daran ändert sich auch nichts, wenn das Wissen aus bunten Büchern kommt. Obwohl man in Schulen zunehmend Formen des Unterrichts praktiziert, die ganzheitlicher sind, etwa die Durchführung von Projekten, bleibt der Unterricht realitätsfern. Es ist besser, die Schüler mit realen Problemsituationen in Berührung zu bringen. Dies führt zu einem intensiveren Lernvorgang durch persönliche Betroffenheit und Identifikation.

Natürlich ist es insgesamt erstrebenswert, neben der Fähigkeit, selbst Probleme zu lösen, auch auf fertige Problemlösungen zugreifen zu können. Diese müssen dann entsprechend aufbereitet und beschrieben werden, damit der Benutzer, der wenig Erfahrung mit der beschriebenen Situation hat, damit umgehen kann. Fast immer sind Problemlösungsmuster nicht unmittelbar anwendbar, sondern sie müssen an die Situation angepasst werden. Man denke etwa an die Mathematik, wo man vorwiegend Verfahren lernt, um das Gelernte – z. B. das Lösen von Gleichungssystemen – in verschiedenen Aufgabenstellungen anzuwenden. Gerade die Fähigkeit, eine Problemlösung an eine lebensnahe Situationen anzupassen, macht die meisten Schwierigkeiten, bringt aber erst den eigentlichen Nutzen.

Genauso ist es mit Mustern im praktischen Leben. Die Idee eines Wohnhauses als Muster ist bekannt, es aber in einer Grundstücks- und Nachbarschaftssituation mit den Bedürfnissen und einem Budget das Auftraggebers in Einklang zu bringen bedarf einer nahezu unendliche Vielfalt und Variationsbreite der Adaptierung an die Verhältnisse. Dementsprechend häufig sind Fehler, und fast jeder Häuslbauer weiß zu erzählen, was er anders bauen würde, hätte er nur die Möglichkeit dazu.

Die theoretische Pädagogik erscheint als einer jener wissenschaftlichen Bereichen die von der Mustertheorie sehr profitieren könnten. Es geht um eine größere Lebensnähe in Form von praktischer Anwendbarkeit. Der theoretische Pädagoge könnte als Coach dieses Prozesses den Beteiligten helfen, ihre Erfahrungen in größerem Ausmaß in Begriffe und Beschreibungen zu fassen und weiterzugeben. Es besteht einiges an Bedarf.

Muster in der Dialogtheorie

Der Amerikaner William Isaacs ist ein Experte für Dialog und Konfliktlösung, bekannt durch sein äußerst lesenswertes Buch *Dialogue – and the Art of Thinking Together* (Dialog – die Kunst gemeinsam zu denken) (Isaacs, 1999). Er berichtet über seine jahrzehntelange Erfahrungen als Moderator in schwierigen Konflikten, etwa zwischen Arbeitgebern und Gewerkschaften in Nordamerika, und entwickelt seine theoretischen Konzepte auf Basis der Mustertheorie.

Dabei gibt er kein Patentrezept, kein *„wenn du in dieser Situation bist, dann wird jene Maßnahme das gewünschte Ergebnis bringen"*, aber er zeigt viele Muster auf, die zu einer positiven Konfliktlösung betragen können.

Das wichtige Muster CONTAINER-OF-DIALOGUE (BESONDERER-ORT-DES-DIALOGS) beschreibt, dass sich Gespräche weitaus besser an einem nichtalltäglichen Ort und einer besonderen Atmosphäre entfalten. So erzielte er gute Erfolge, wenn die Gespräche der Konfliktparteien außerhalb der Stadt, nach gemeinsam organisierter Anreise – etwa auch mit den Ehefrauen oder Familien – stattfanden. Diese Fahrt bildet eine Art Übergangszustand in eine andere Qualität der Begegnung, erzeugt eine erste Gemeinsamkeit, die sich durch die privaten Kontakte beim Essen oder bei Spaziergängen, durch gemeinsame Gefühle angesichts der Natur verstärkt.

Eine Gruppe von Mustern ergibt sich durch typische Gesprächshaltungen in der Diskussion. MOVE entspricht der aktiven Rolle des Vorschlagens, OPPOSE der kritischen Rolle von Einwendungen, STAND-BY der neutralen Rolle des kommentierenden Beobachters und SUPPORT der Funktion des Unterstützers. Ein Dialog gelingt nach Isaacs vorwiegend dann, wenn sich diese Gesprächspositionen zu einem harmonischen Ganzen zusammenfügen und jeder die anderen Positionen respektiert, sie als berechtigt und als notwendigen und konstruktiven Teil des ganzen Gesprächsprozesses empfindet. Zu diesem Verständnis kann ein Moderator als Begleiter des Prozesses sehr viel tun.

Es gibt noch viele andere Muster, die auf den systemischen Charakter des Dialogvorganges hinweisen – und darauf, dass sich die Mustertheorie auch in diesem Zusammenhang vorteilhaft als Denkweise einsetzen lässt.

Permakultur und Mustertheorie

Die Permakultur ist eine ökologische Bewegung, die Mitte der 70er-Jahre vom Australier Bill Mollison gegründet wurde. Mollison ist Autor mehrerer Bücher (Mollison, 1978-1996), erhielt 1981 den alternativen Nobelpreis, und wird gewissermaßen als der Vater der Permakultur gesehen, obwohl viele andere Personen, die weniger häufig genannt werden, ebenfalls wesentliche Beiträge geleistet haben.

Die Permakultur sorgt sich – aufgeschreckt durch ökologische Zerstörungen – um die Erhaltung der Erde als menschliche Lebensgrundlage, um nachhaltige und ganzheitliche Methoden in der Landwirtschaft, z. B. kluge systemische Gestaltung von Pflanzenanbau und Tierhaltung unter besonderer Wertschätzung der Artenvielfalt.

Es geht um effiziente Gelände-, Energie- und Ressourcennutzung, sowie optimale Garten-, Landschafts- und Architekturgestaltung. In vielen Ländern gibt es Permakultur-Institutionen, z. B. Akademien, wo Lehrende ihr Wissen in sogenannten Design-Kursen bereits an einige hunderttausend Interessierte weitergegeben haben. Jeder kann das lernen.

Vordergründig scheint die Permakultur nichts mit den Theorien Alexanders zu tun zu haben. Ich vertrete an dieser Stelle aber die These, dass beide Strömungen eng miteinander verbunden sind. Beide Richtungen denken ganzheitlich und betrachten die Natur als Lehrmeister. Schon die grundlegenden Bücher von Alexander und Mollision sind praktisch gleichzeitig entstanden – als wären bestimmte Gedanken in der Luft gelegen (Alexander: *A Pattern Language/1977, The Timeless Way of Building*/1979; Mollison: *Permaculture One/1977, Permaculture Two*/1978).

Gemäß privater Hinweise soll Alexander Vorträge in der amerikanischen Permakultur-Szene gehalten haben. Alexander muss die Publicity um den alternativen Nobelpreis, der Mollison 1981 verliehen wurde, mitbekommen haben. Es ist nicht klar, warum Alexander in seinen späteren Werken darauf nicht Bezug nimmt. Umgekehrt finden sich Alexanders Bücher in den weiterführenden Literaturlisten von Mollisons späteren Büchern, ohne dass jedoch auf Konzepte eingehender Bezug genommen wird.

Vergleichen wir die Ethiken. Die Mustertheorie fordert eine „fürsorgliche Entfaltung des Leben", wobei Zentren bzw. Menschen ganzheitlich dazu da sind, sich gegenseitig zu unterstützen. Die Permakultur verwendet eine dreiteilige Ethik: (1) Sorge für die Erde, (2) Sorge für die Menschen, (3) gerechte Verteilung der Ressourcen.

Beide Denkrichtungen stellen die Autonomie des einzelnen Menschen in den Mittelpunkt und sind bestrebt, den Menschen handlungsfähig zu machen. Alexander entwickelt das Konzept der Muster als Problemlösungsoptionen und Handlungs-möglichkeiten. Mollison geht den Menschen in der Gestaltung ihrer persönlichen Lebensumgebungen, agrarisch und sozial, praktisch zur Hand. Die funktionalen Analysen von Organismen in der Permakultur sind nichts anderes als eine Sammlung von Mustern, mit speziellen Mustersprachen für verschiedene Klimazonen. Die Ausbildung zum Permakultur-Designer lehrt die Menschen einen Gestaltungsprozess, der alle wesentlichen Aspekte, wie Bodenqualität, Sonneneinstrahlung, Wind, Wasser etc. mit den Organismen in ein ausgewogenes, vielfältiges und flexibles ökologisches System bringt.

Beide Richtungen müssen, im Sinne der Ganzheitlichkeit, auch ein Universalitätskonzept vertreten. Alexander tut das, indem er den ganzen Kosmos als Lebensprozess betrachtet. Ausgehend von der Architektur geht es ihm um jede Gestaltung von Lebensumgebungen und jede Form von Lebensunter-stützung. Mollison beginnt im Lebensumfeld des Einzelnen, seinem Haus, Garten, der ökologischen Intaktheit und Artenvielfalt, der agrarischen Nutzung, intelligent im Einklang mit der Natur. Die Permakultur kann dabei auch nicht stehen bleiben, sondern erweitert das Konzept sozial: Einerseits im dörflichen Umfeld, in der Organisation lokaler Gemeinschaften, Wirtschaftsformen, Stiftungen; andererseits in den sozialen Gebilden der Wissensvermittlung, den Vereinen und Akademien. Das Lernumfeld der Teilnehmer wird vielfältig „ökologisch" organisiert: Durch Dutzende Muster wie Tutorien, Lerngruppen, Designprojekte, Lernwochenenden, Präsentationen, verschiedene Lernunterlagen, Feedbackformen usw., die nach Bedarf kombiniert werden und einer ständigen Weiterentwicklung unterliegen.

Es ist naheliegend, dass sowohl die Mustertheorie, als auch die Permakultur von einer stärkeren gegenseitige Wahrnehmung und Wertschätzung profitieren würden. Die Mustertheorie gewänne ein riesiges zusätzliches Anwendungs- und Forschungsgebiet mit einer Fülle an Möglichkeiten des Erfahrungsaustausches und der Exploration. Die Permakultur könnte zu einer noch größeren begriffliche und methodische Klarheit kommen und vor allem das Problem vermeiden, in eine ideologische oder öko-spirituelle Gartenbau-Nische geschoben zu werden.

Aus der Sicht der Mustertheorie ergibt sich: Die Permakultur ist als allgemeine Bewegung von hoher gesellschaftlicher Relevanz und soll als Hoffnungsträger eines neuen Denkens so gut wie möglich unterstützt werden.

5 Anschlussmöglichkeiten

In diesem Abschnitt sollen mögliche Verbindungen zu anderen aktuellen Denkströmungen aufgezeigt werden. Die Auswahl ist subjektiv. Die Charakterisierungen sind knapp gehalten und konzentrieren sich meist auf einen Hauptvertreter der entsprechenden Richtung. Die Kürze der Abschnitte ist keinesfalls als Reduktionsversuch zu verstehen, sondern entspringt der selbst auferlegten Platzbeschränkung. Es sollen Anregungen gegeben werden, bestimmte thematische Verbindungen oder Naheverhältnisse in Betracht zu ziehen.

Selbst wenn der Leser mit den einzelnen Positionen, Charakterisierungen und Schlussfolgerungen nicht übereinstimmt, ist das nicht problematisch. Es kann eigentlich nicht anders sein, denn über grundverschiedene Anschauungen spannungsfrei zu sprechen, würde eine neutrale Sprache erfordern, die wir nicht besitzen. Dieser Abschnitt scheint mir aber trotz möglicher Irritationen wichtig, weil er die Universalität der gedanklichen Werkzeuge zeigt, mit der die Mustertheorie in andere Bereiche hineinwirken kann.

Mustertheorie als Systemtheorie

Das vorliegende Buch ist nicht nur eine Einführung, sondern verallgemeinert auch die ursprüngliche Alexander'sche Mustertheorie, die sich vorwiegend mit der Architektur von Gebäuden und Städten beschäftigt. Damit wird die Mustertheorie von einer Architekturtheorie zu einer Gestaltungstheorie und zu einer Systemtheorie. Leider ist Systemtheorie ein sperriger Begriff, der bei den meisten Lesern vermutlich keine Begeisterung auslöst. Es gibt bisher nur wenige anwendbare Systemtheorien.

Eine bekannte Systemtheorie stammt von Niklas Luhmann. Er zielt allerdings mit seinem Begriff von System ausschließlich auf stabile soziale Systeme, schränkt also den Systembegriff sehr ein (Luhmann, 1984). Im Vergleich dazu ist Alexander viel allgemeiner und bezieht sich auf allgemeine und dynamische Systeme. Nach Luhmann gibt es kein System ohne eine Grenze und damit ohne Umgebung. Hier finden wir einen vordergründigen Anknüpfungspunkt zu Alexander, der ja die *Grenze* als eine der fünfzehn Lebenseigenschaften identifiziert.

Einen anderen Systembegriff findet man in der Technik. Der Begriff System steht dort wohl für eine mehr oder weniger sinnvolle oder willkürliche Zusammenfassung von Elementen, die zueinander in beschreibbaren räumlichen und funktionellen Beziehungen stehen. Eine idealtypische technische Systemtheorie würde vor allem eine Sprache zur Verfügung stellen. Die Begriffe *System* und *Element* haben also keine besondere Bedeutung, sondern dienen vorwiegend als sprachlicher Einstieg in allgemeine Beschreibungen.

Vergleichen wir das mit der Sprache Alexanders, so finden wir den Begriff *Zentrum*. Dieser entspricht dem Systemelement, denn alles was vorhanden und beschreibbar ist, auch Latentes, wird als Zentrum bezeichnet. Jedes Zentrum kann eine innere Struktur aufweisen, bildet also ein System für sich selbst. Wenn es auf diesen Aspekt ankommt, dann ist von *Ganzheit* die Rede. Jedes Zentrum ist Teil von größeren Einheiten, die als Zentren und Ganzheiten zu sehen sind: Jeder Teil, jedes Zentrum steht in Beziehung zu jedem anderen Teil. Natürlich sieht Alexander eine strukturelle Hierarchie von Ganzheiten: Ein Raum ist Teil eines Gebäudes, das Gebäude ist Teil der Stadt, diese Stadt ist Teil der Erde, die Erde ist Teil der Milchstraße usw. bis zur umfassenden Ganzheit des Universums.

Auch wenn manche sagen „*Das Wahre ist das Ganze*", so braucht doch in bestimmten Situationen nur ein Teil des Universums in Betracht gezogen werden. Bei der Platzierung von Fenstern geht es um die Lage des Raumes im Gebäude, die Umgebung der Gärten und Gebäude rundum, Klima und Himmelsrichtungen, vielleicht noch um ein paar andere Faktoren

... aber der Planet Pluto oder der Rest des Universums ist wenig relevant.

Veränderungen an Systemen bezeichnet Alexander als *Transformationen* bzw. in ihrer Summe als *Prozesse* oder *Entfaltung*. Analytisch sind diese Prozesse im Bewusstsein in eine lineare Abfolge zu bringen, sodass von Schritthaftigkeit die Rede sein kann. Der Begriff *Muster* umfasst das objekthafte Zentrum, die Entstehung aus einer Transformation als Problemlösung für einen funktionellen Bedarf in einem Anwendungszusammenhang (Kontext) der Ganzheit.

Es zeigt sich, dass die Mustertheorie tatsächlich ganz wesentlich eine Sprache entwickelt, die neutral ist und auf Systeme aller Art angewendet werden kann. Damit hat sie das Potenzial, eine allgemeine Forschungsperspektive zu werden.

Technische Modularität und Objektorientierung

Die moderne Wissenschaft und Technik ist so umfassend und vielfältig, dass es längst niemanden mehr gibt, der wirklich umfassendes Wissen besitzt. Nicht einmal mehr in scheinbar kompakten Fachgebieten wie der Mathematik oder der Medizin gibt es Experten, die annähernd das gesamte Fachwissen besitzen. Es kann auch niemanden mehr geben, der über alle Fachgebiete hinweg substanzielles Grundwissen hat. Die letzten Gelehrten, denen man solches Universalwissen zuschrieb, waren Leibniz, Alexander von Humboldt und Goethe, und das ist lange her.

Aber wie soll man mit dieser Welt umgehen, die zumindest im analytischen Detail unfassbar geworden ist? Im Grunde sieht dieses Problem schwieriger aus, als es sich im technischen und wissenschaftlichen Alltag darstellt. Es ist in der modernen Technik schon lange pragmatisch gelöst und in viele Bereiche der Gesellschaft vorgedrungen.

Auf menschlicher Ebene kann ein Expertenteam das notwendige Wissen verkörpern, oder es kann bei Bedarf beschafft (recherchiert) werden. Es geht längst nicht mehr darum, dass das konkrete Faktenwissen im Kopf abrufbar ist, sondern es geht um den Zugang zu den Quellen, sei es durch Bücher, Bibliotheken oder im Internet oder durch persönliche Kontakte zu den Experten der Fachgebiete. Sprichwörtlich ist der qualitative Übergang vom *„Selber wissen, wo es geschrieben steht"* zum *„Jemanden kennen, der weiß, wo es steht"*.

Auf dinglicher Ebene gibt es das Konzept der Modularität. Module sind kompakte Bauelemente, bei denen die Verbindungen zur Umgebung auf ein Minimum reduziert sind. Ein Beispiel wäre ein Computer-Steuerungsmodul, das in einer Waschmaschine eingesetzt ist. Es ist mit einem Handgriff zu tauschen, und der Wartungstechniker muss von ihm kaum etwas wissen, sondern nur die Austauschnotwendigkeit erkennen können. Im schlimmsten Fall kann er dies durch Versuch und Irrtum, durch den versuchsweisen Tausch der in Frage kommenden Module ausprobieren.

In der Softwareentwicklung ist die Objektorientierung das entsprechende Schlagwort. Softwareentwicklung ist heute ein wesentlichen Faktor der computerisierten Welt, die man in ihren Auswirkungen schwer überschätzen kann. Immerhin gehören Softwaresysteme zu den komplexesten Gebilden, die heute von Menschen produziert werden. In der Softwareentwicklung hat es eine kontinuierliche und stürmische Entwicklungen gegeben, die alle mit der Bewältigung von Komplexität in Projekten zu tun hatten. Millionen von Programmbefehlen werden von Hunderten von Softwareentwicklern geschrieben, mit dem Ziel möglichst fehlerarmer Programme.

Diese Entwicklung ist von einer ständigen Entwicklung neuer Programmiersprachen und neuer Methoden begleitet. Nach der strukturierten Programmierung in den 70er-Jahren fand der Übergang zur objektorientierten Programmierung statt, die eine Art Software-Modulsystem bildet. Objekte minimieren die Wechselwirkungen, die über Schnittstellen genau kontrolliert ablaufen. Das Innenleben der Objekte, ihre Eigenschaften, werden gegen Einwirkungen aus der Programmumgebung geschützt. So verringern sich die Fehlermöglichkeiten. Trotzdem noch auftretende Fehler können ihren Verursachern klarer zugeordnet werden.

Hinter beiden Konzepten, der Modularität und der Objektorientierung, steht die Vorstellung der sogenannten *black box*.
Die Idee ist, dass bei einem bestimmten Systemelement von der
inneren Funktion abstrahiert werden kann. Die innere Funktion
ist unsichtbar, verborgen, soll nicht interessieren. Alle Funktionen und Wechselwirkungen der *black box* werden an klar defi-
nierten Schnittstellen in Form von *Inputs* (Eingangsdaten) und
Outputs (Ausgangsdaten) ausgetauscht.

Dem gegenüber steht der Begriff der *white box*, bei der *auch
das Innenleben* betrachtet wird. So kann etwa bei der technischen Fehlersuche ein System als *black box*, also von außen, in
Bezug auf sein Funktionieren getestet werden. Es kann aber
auch das Innenleben auf etwaige Schwachstellen untersucht
werden, die man sonst beim Testen übersehen könnte; in diesem
Fall spricht man von einem *white box* Test. Dieser ist z. B. in
Sicherheitsfragen üblich: Man gestattet jemandem, ein Sicher-
heitssystem komplett im Detail zu kennen, und prüft damit, ob
es selbst dem Angriff dieses informierten Experten standhält.

Bei Begriffen wie *black box* und *white box* handelt es sich
natürlich nur um systemtheoretische Grundbegriffe, um tempo-
räre Perspektiven. Wenn es notwendig ist, kann man eine *black
box* jederzeit als System betrachten und sein Inneres in die funktionellen Bestandteile auflösen. Diese können eventuell wieder –
jeder für sich – als *black box* betrachtet werden. Es handelt sich
hier also um eine rekursive oder fraktale Strukturierungs-
methode mit dem Ziel einer der Situation angemessenen Verein-
fachung bzw. Abstraktion.

Grundsätzlich ist es so, dass in der Technik ein großes Verständnis für die Funktionalität eines Systems besteht und auch
für die Notwendigkeit, Systeme auf Fehlerfreiheit oder Funktion
zu testen. Es ist Routine, Fehler rasch zu erkennen und auf die
Fehlfunktion bestimmter Systemteile zurückzuführen bzw. bei
eine Fehlfunktion das Modul entweder zu tauschen, wenn es
sich um ein technische Gebrechen handelt, oder zu verbessern,
wenn es sich um einen Konstruktionsmangel handelt.

Vergleicht man diese technische Systemsicht mit der Muster-theorie, so stellt man fest, dass das Konzept des Moduls (Objektes) sehr dem Konzept des Musters gleicht. In beiden Fällen handelt es sich um übersichtliche Strukturen, die durch klare Funktionen, Inputs und Outputs in einem Anwendungs-zusammenhang charakterisiert sind. Die technischen Module, die Software-Objekte und die Problemlösungs-Muster werden jeweils bei Bedarf eingesetzt und erfüllen bestimmte Rollen in ihren Systemen. Sie sind also ähnlich in Bezug auf ihre kybernetische Funktion und ihre Optionalität. Die Rolle, die sie einnehmen, kann natürlich auch problematisch sein und unter-liegt einer ständigen Entwicklung. Überprüfende Tests sind nicht nur empfehlenswert, sondern ein notwendiger Teil der technischen Methode und der Mustermethode.

Auf Grund der Überlappung formaler Elemente ist es kein Wunder, dass die objektorientierte Softwareentwicklung einer der ersten Bereiche war, in dem die Muster-Denkweise ange-wandt wurde. Die beschriebenen Entwurfmuster abstrahierten die wiederkehrenden Strukturen in der Software und hatten das Ziel, die Strukturierung und die Einfachheit zu erhöhen und dadurch Kosten zu senken.

Andererseits muss auch ein wesentlicher Unterschied hervor-gehoben werden. Technische Module und Alexander'sche Muster befinden sich auf verschiedenen Abstraktionsebenen. Während technische Module als industrielle Massenartikel gefertigt und eingesetzt werden, sind Muster abstrakte Konzepte, die immer in Zusammenhang mit einer individuellen Adaptierung an die Anwendungssituation zu denken sind.

Die moderne Physik

Alexander bezieht sich oft auf die moderne Physik und meint damit in erster Linie die Erkenntnisse der Quantenmechanik, soweit diese über ein rein mechanistisches Weltbild hinaus-gehen. Grundsätzlich hat die moderne Physik durch ihre Fähigkeit, sowohl Theorien für die submikroskopische Welt der Elementarteilchen als auch für die Kosmologie des Universums zu bilden, ab dem 20. Jahrhundert steigenden Einfluss auf die Philosophie und auf naturwissenschaftlich geprägte Weltbilder bekommen.

So hat Albert Einsteins berühmte Formel $E=mc^2$ die Phänomene der Energie mit jenen der Materie verknüpft und damit eine Vereinheitlichung dieser lange Zeit getrennt gedachten Phänomene ermöglicht. Aus getrennten Gesetzen der Materieerhaltung und der Energieerhaltung wurde eine einheitliche Vorstellung von Energie. Die Materie stellt sich als eine verdinglichte Form von Energie dar. Die enthaltene Energie kann freigesetzt bzw. in andere Energieformen umgewandelt werden. Daraus wurden nicht nur die Atomtechnologien abgeleitet, sondern dieses Bild dient auch unzähligen anderen Zusammenhängen.

Einsteins Relativitätstheorie hat mit seinem vierdimensionalen Raum-Zeit-Modell völlig neue Vorstellungen vom Kosmos ermöglicht. Diese haben durch die Abkehr von einem absoluten Raum-Referenzsystem (der alten Modellvorstellung des ruhenden *Äthers*) alles Absolute in Frage gestellt und den Boden für die Popularisierung des Relativen, für die Geisteshaltung des Relativismus aufbereitet. Davon wird noch die Rede sein.

Ebenso stark hat die Quantenmechanik unser Denken über die Welt verändert, weil sich die Phänomene in der submikroskopischen Welt nicht mehr mit den Vorstellungen aus unserer Alltagswelt bewältigen lassen. Atome sind zwar kugelförmig, aber keine Teilchen wie Billardkugeln, die eine ideale, harte Oberfläche haben und berechenbaren Bahnen folgen. Atome bestehen aus sehr kleinen Atomkernen, die von hochdynamischen Ladungswolken umgeben sind, die nach komplexen quantenmechanischen Formeln schwingen. Diese Schwingungen entziehen sich der exakten Berechnung, und auch die numerische Simulation ist bislang nur näherungsweise möglich.

Dazu passt auch noch die Heisenberg'sche Entdeckung der Unschärferelation, die zusätzlich eine grundsätzliche Grenze für die maximale Genauigkeit angibt, mit der wir submikroskopische Phänomene messen bzw. über sie Bescheid wissen können. Heisenberg ist dazu als Philosoph aktiv und populär geworden (Heisenberg, 1959, 1971), und er hat versucht, aus dieser Unbestimmtheit neue Argumente für die individuelle menschliche Freiheit zu bilden. Allerdings scheint es nur unwesentlich befriedigender, menschliche Handlungen als abhängig von Zufallsvorgängen in Gehirnzellen zu sehen, als wären die Handlungen durch kausale Zusammenhänge vorhersagbar.

Die Zufallskomponenten der Quantenphysik wurden von Einstein – man erinnert sich an sein berühmtes Zitat *„Gott würfelt nicht"* – entschieden in Abrede gestellt. Aber in diesem Punkt irrte er. Unsere Welt ist – zumindest auf der Ebene der Elementarteilchen, Atome und Moleküle – teilweise indeterministisch aufgebaut. Das bedeutet, dass man auch theoretisch keine komplette Zustandsbeschreibung verfügbar machen kann, um sich eine gewohnte kausale Vorhersage der Zukunft vorzustellen. Die Zukunft ist offen, viel offener als die meisten Menschen glauben möchten, und nur in Vereinfachungen prognostizierbar. Das Erdbeben dieser Erkenntnis steht noch aus.

Die Chaostheorie hat diese Situation grob in die Alltagswelt übertragen. Der Spruch *„Der Flügelschlag des Schmetterling in der Südsee, der Einfluss auf die Wetterentwicklung Monate später im Nordatlantik hat"* ist in das allgemeine Bewusstsein eingesickert. Seither gibt es dieses Bild von der *„Welt als Wolke"* im stochastisch-indeterministischen Sinn und als Gegensatz dazu das Bild der *„Welt als Uhrwerk"* im alten mechanistisch-kausalen Sinn. Vielleicht fehlt hier ergänzend das Bild von der *„Welt als Baum"* im systemisch-organischen Sinn Alexanders.

Diese lange Einleitung soll klarstellen, dass grundsätzliche Erkenntnisse der Physik, auch wenn sie oft Jahrzehnte brauchen, um im Alltagsdenken wirksam zu werden, doch ungeheuren Einfluss auf unser Denken haben.

Umso interessanter ist es, dass Alexander in seinen Schriften noch nicht die modernsten Erkenntnisse der Elementarteilchenphysik berücksichtigen konnte. Diese unterstützen seine Sicht des Raumes. In diesem Gebiet der Physik geht es darum, die sehr komplexe und schwer zu verstehende Vielfalt von über hundert Elementarteilchen mit vielfältigen und verwirrenden Eigenschaften auf eine einfache Grundlage zurückzuführen. Dies wurde durch das Modell der Quarks als Grundbausteine im Rahmen der Quantenchromodynamik über Jahrzehnte versucht und ist heute weitgehend erfolgreich.

Nach diesen neuen Erkenntnissen (genannt sei Frank Wilczek, Nobelpreis für Physik 2004) ist der leere Raum nicht wirklich leer, sondern ein hochdynamisches fluktuierendes Feld von Gluonen. Elementarteilchen wie etwa die Elektronen sind nicht mehr als selbstständige Objekte zu sehen, sondern können als stabile Fluktuationen in diesem Gluonenfeld beschrieben werden. Diese Fluktuationen lassen sich nicht durch geschlossene Formeln, jedoch durch Simulationen an Supercomputern berechnen.

Es ist faszinierend, wie sehr sich die Modellvorstellungen der Mustertheorie und der modernen Physik decken. Alexander entwickelt seine Vorstellung vom dynamischen, zum Leben erwachenden Raum, weil es die einzige Möglichkeit für ihn ist, Lebensphänomene im Großen zu verstehen und der Gestaltung zugänglich zu machen. Die Quantenchromodynamik verwendet die Modellvorstellung vom dynamischen Gluonenfeld, weil es die bisher einzige Möglichkeit ist, die vielfältigen Phänomene der Elementarteilchen auf einfache Prinzipien zurückzuführen. Auch die gegenwärtige Kosmologie benötigt diese *random quantum fluctuations* weil sie die Entstehung der Galaxien auf anderem Weg nicht erklären kann.

Wer sich für dieses Thema näher interessiert, findet den allgemein verständlichen Vortrag „The Universe is a Strange Place" als Video im Internet (Wiltczek, 2005). Vollständiger informiert das eindrucksvolle Buch *The Lightness of Being* (Wiltczek, 2008), ebenfalls ohne den nicht vorgebildeten Leser zu überfordern.

Wie wir es auch betrachten, dieser leere Raum, das scheinbare Nichts, erweist sich als Quelle des Seins. Die Zukunft verspricht wohl ein noch klareres physikalisches Bild des Raumes, das sich über kurz oder lang auch in unseren Alltagseinstellungen niederschlagen wird.

Biokybernetik und Frederic Vester

Schon lange wurde gefordert, das vereinfachende lineare Denken, das im menschlichen und gesellschaftliche Alltag vorherrscht, durch ein systemisches, vernetztes Denken zu ersetzen. Es gibt eine lange Kette prominenter Vertreter dieser Richtung, beginnend mit Norbert Wiener, dem Begründer der Kybernetik, Ludwig von Bertalanffy, dem Begründer der Allgemeinen Systemtheorie, bis zu dem besonders im deutschen Sprachraum bekannten Frederic Vester (1925-2003), der durch Bücher wie *Das kybernetische Zeitalter* (Vester, 1974), *Neuland des Denkens* (Vester, 1984) und zuletzt *Die Kunst vernetzt zu Denken: Bericht an den Club of Rome (Vester, 1999)* über Jahrzehnte hinweg für ein ganzheitliches Denken eingetreten ist.

Wenn wir uns an Frederic Vester orientieren, so fällt auf, dass er sich – wie Alexander – die Natur als Lehrmeister nimmt. Bei Vester liegt der Schwerpunkt lediglich mehr auf dem Aspekt, der Natur ihre technischen Erfindungen – etwa die besondere Stabilität von Röhrenstrukturen, die überragende Festigkeit von Spinnenfäden oder die Effizienz von Regelungsmechanismen – abzulauschen, während Alexander sich mehr auf die Ähnlichkeiten von natürlichen und künstlichen Strukturen und Entwicklungsprozessen konzentriert.

Beide sehen in der Natur die Einfachheit der Lösungen, die Fähigkeit zur Effizienz und hervorragende Wiederverwertung von Abfallprodukten als Ressourcen. Es gibt hier also einen hohen inneren Übereinstimmungsgrad.

Der Hauptunterschied liegt darin, dass die Kybernetiker sich vorwiegend auf bestimmte Systemklassen und Systemfunktionen beschränken. Sie sind einerseits sehr auf die Regelung und Selbststeuerung von Systemen konzentriert. Andererseits betrachten sie vorzugsweise Systeme, die zwar vernetzt und in ihrem Zustand veränderlich sind, die aber in ihrer Struktur statisch sind, deren Komponenten sich also nicht verändern. Alexander betrachtet dagegen die Systeme allgemeiner, vor allem in ihrer Entfaltung, das heißt im Verlauf des Aufbaus und der Änderung der Struktur.

Die Übereinstimmung der Prinzipien bei gleichzeitig verschiedenen Schwerpunktsetzungen lässt bei einer Zusammenführung dieser Forschungsrichtungen Fortschritte auf beiden Seiten erwarten. Die Kybernetiker könnten ihr Wissen über Regelung und Simulation mit den Vorstellungen Alexanders über Strukturen und Prozesse verbinden. Im günstigsten Fall kann sich sogar eine Verschmelzung dieser Denkrichtungen ergeben.

Evolutionstheorie

Die von Charles Darwin begründete Evolutionstheorie (Darwin, 1859) hat das menschliche Weltbild langsam, aber unaufhaltsam verändert. Zuallererst dadurch, dass sie so radikal das christlich-biblische Lebensschöpfungsmodell in Frage stellte. Niemand, der ein bisschen Einblick in die Naturwissenschaft hat, zweifelt an diesem Teil der Botschaft. Die Vielfalt der pflanzlichen und tierischen Arten hat sich über hunderte Millionen von Jahren in einem natürlichen Differenzierungsprozess gebildet und entwickelt sich ständig weiter, sie ist nicht an einem punktuellen Schöpfungszeitpunkt entstanden und dann stehen geblieben. Natürlich bedeutet das keine Abkehr oder Entwertung von religiösen Lebensentwürfen oder Wertvorstellungen, obwohl das von vielen Menschen auf beiden Seiten so interpretiert wird.

Allerdings sind sich die meisten Menschen des Charakters der Evolutionstheorie nicht voll bewusst. Im Popper'schen Sinne handelt es sich nicht um eine wissenschaftliche Theorie, denn sie macht keine Vorhersagen, die sich überprüfen lassen (Popper, 1934). Es gibt keine vorhersagbaren und danach regelkonform beobachtbaren Evolutionsschritte. Die Theorie als Ganzes ist einer Falsifikation also nicht zugänglich. Es gibt z. B. gewisse Vorstellungen, wie die ersten Biomoleküle in der so genannten *Ursuppe des Lebens*, den Meeren vor Milliarden von Jahren, entstanden sein könnten, aber Überprüfungsmöglichkeiten gibt es dafür nicht. Der ursprüngliche Lebenskeim kann ein plausibles Ereignis gewesen sein, das sich wiederholen würde. Es kann aber auch ein glücklicher und höchst unwahrscheinlicher Zufall gewesen sein, auch ein göttlicher Eingriff ist nicht mit absoluter Sicherheit auszuschließen. Tatsache ist, dass wir darüber nichts wissen und wahrscheinlich nie wissen werden. Ebenso sind natürlich auch Sprünge in der irdischen Evolution möglich, die durch Eingriffe von außen oder durch unwahrscheinliche Zufälle verursacht sein können.

Es fehlt uns in vielen Bereichen der Evolutionstheorie das Wissen. Zwar sind uns seit James Watson und Francis Crick die chemischen Grundlagen der Vererbung, in Form der Doppelhelix der DNS bekannt (gemeinsam bekamen sie 1962 den Nobelpreis für Medizin) (Watson, 1968). Ebenso wurden in den darauf folgenden Jahrzehnten die Mechanismen aufgeklärt, mit denen aus dem Erbmaterial die gespeicherten Baupläne für biologische Moleküle, die Proteine, gelesen und zur Produktion verwendet werden. Man kennt die Mechanismen, die etwa bei einer Zellteilung zur Verdoppelung der Erbsubstanz führen und die Mechanismen, die bei einer Beschädigung der Erbsubstanz Reparaturen durchführen, und für viele andere chemische Vorgänge im menschlichen Körper verantwortlich sind. Aber wir wissen nicht, wie dieses komplexe Gesamtsystem der Vererbung zu allererst entstanden ist. Auch viele andere Mechanismen, etwa jene der Energiegewinnung in Zellen sind äußerst kompliziert. Als Ganzes können sie nicht entstanden sein, die Wahrscheinlichkeit dafür wäre zu gering. Soweit wir verstehen, muss sich alles in kleinen Schritten entwickelt haben und jeder für sich so deutliche Vorteile für den jeweiligen Entwicklungszustand der Organismen und Zellen gehabt haben, dass sie sich in den Nachfolgegenerationen durchgesetzt haben. Das ist die plausibelste Vermutung, aber es bleibt Vermutung, weit vom Status gesicherter Erkenntnis entfernt.

Grundsätzlich ist die Evolutionstheorie also keine ausgeprägte Theorie. Es ist ein Leitgedanke, ein Paradigma, das die Forschungsarbeiten so leitet, wie ein Leitstrahl den Landeanflug der großen Verkehrsflugzeuge. Man wird viele, vielleicht alle Entwicklungsschritte der biologischen Evolution einmal verstehen können, vielleicht aber auch nur einen geringen Bruchteil. Soweit wir wissen, haben sich z. B. die Vögel aus den Sauriern entwickelt, und sind somit ihre einzigen lebenden Nachfahren. Ob wir die Entwicklungsschritte vom Flugsaurier zum gefiederten Vogel je ergründen werden, ist ungewiss, aber man soll es versuchen. Das gleiche gilt für das Verständnis des menschlichen Geistes, Bewusstseins oder seiner Seele. Es ist weltanschaulich umstritten, ob der Versuch legitim ist, diese extreme Objektivierung und Mechanisierung der Menschen vorzunehmen. Aber ohne den solcher Arbeitshypothesen wird man nie feststellen können, wo die Grenzen dieser Erklärungsmöglichkeiten sind.

Die Evolutionstheorie ist ein Paradigma, dem man Raum geben sollte, das man aber auch nicht ernster nehmen soll, als es verdient. Die Vorstellung vom „Überleben der Tüchtigsten" als Inbegriff der Evolution ist naiv. Es gibt viele Gründe für ein Überleben oder Sterben von Organismen. Dies auf einen Faktor wie „Tüchtigkeit" oder „Angepasstheit" zurückzuführen, führt nur in Untiefen, denn letztlich ist dann der Tüchtige wiederum jener der überlebt hat, sodass dieser Satz der Evolutionstheorie zum tautologischen „Überleben des Überlebenden" wird.

Wie hängt das nun mit der Mustertheorie zusammen? Einerseits ist die Mustertheorie ein geeignetes zusätzliches Werkzeug, um Evolutionsprozesse zu verstehen. Die Mustertheorie redet von schrittweiser Entwicklung, von Energieeffizienz, von erfolgreichen Strukturen, d. h. die Mustertheorie besitzt eine Begrifflichkeit und eine Denkweise, die ebenfalls evolutionären Vorgängen nachspürt. Mithin kann man erwarten, dass sie sich im Bereich der Evolutionstheorie einsetzen lässt.

Mustertheorie und Evolutionstheorie überlappen sich. Es könnte sein, dass daraus wichtige Impulse für eine Weiterentwicklung der Evolutionstheorie gewonnen werden können. So gibt es zwar in der Evolutionstheorie Konzepte der Mutation und Selektion, aber kein Konzept der Transformation. Umgekehrt könnte es sein, dass die Evolutionstheorie, die über umfangreiches empirisches Material verfügt, neue Erkenntnismöglichkeiten für die Mustertheorie bereithält. In jedem Fall haben wir wieder eine Situation vor uns, die eine gegenseitige Befruchtung erwarten lässt.

Christentum und Teilhard de Chardin

Das Christentum, namentlich die katholische Kirche, war nicht besonders erfolgreich im Umgang mit der Wissenschaft. Die Kirche hatte im Mittelalter die absolute wissenschaftliche Schlüsselposition inne, mit dem Wissen in den Klosterbibliotheken und einem dominanten Einfluss im intellektuell-wissenschaftlichen Bereich. Historische Fehler haben dazu geführt, dass sie an Bedeutung und Einfluss verloren hat. In der Folge ist auch die Entwicklung der westlichen Gesellschaften weit hinter den Möglichkeiten zurückgeblieben und kopflastig geworden. Wir sind zwar stolz auf das, was wir sind, aber unsere Gesellschaft – und damit auch untrennbar die Kirche – hat wichtige Antworten in sozialen, wirtschaftlichen und ökologischen Grundfragen bis heute nicht gefunden.

Statt sich für die Zusammenhänge in der Natur als Schöpfung zu interessieren und das wissenschaftliche Verständnis selbst voranzutreiben, hat die Kirche die wissenschaftlich gefundenen Wahrheiten als Herabminderung ihres eigenen Autoritätsanspruchs gesehen, und die Wissenschaft als Konkurrenz betrachtet und ausgegrenzt. Dieser Gegensatz wurde mit Galileis *„Und sie bewegt sich doch!"* öffentlichkeitswirksam und trat in der Folge immer deutlicher hervor.

Mit Darwins Evolutionstheorie kam es zu einem weiteren Rückschlag. Es war offenbar naheliegend und einfacher für die kirchlichen Autoritäten, eine Ablehnung der Wissenschaft zu vertreten, als sie differenziert auszuüben und durch eigene Modelle und Methoden zu ergänzen. So blieb die kausal-mechanistische Modellvorstellung ein singuläres Modell, das nicht durch religionskompatible Alternativen relativiert wurde.

Natürlich kann man kaum je von *der* Kirche sprechen. Die Kirche enthielt immer viele Denkströmungen, sowohl Traditionalisten als auch Reformkräfte, sowohl farblose Vertreter als auch charismatische Einzelpersonen. Oft konnte die Kirche nur mühsam Spaltungen verhindern – oder auch nicht verhindern –, wobei starke Strömungen gelegentlich als Orden legitimiert wurden und ihren Freiraum bekamen. Berühmt ist die strikte intellektuelle Unterwerfung der Jesuiten im Sinne des überlieferten *„Ich werde glauben, dass weiß schwarz ist, wenn es die Kirche so definiert"* des Ordensgründers Ignatius von Loyola. Der Orden schuf sich so einen wissenschaftlich-intellektuellen Freiraum.

Ein Mann, übrigens auch Jesuit, der im frühen 20. Jahrhundert als einzelner sehr mutig versuchte, die Kluft zwischen Kirche und Wissenschaft zu überbrücken, war der französische Priester und Paläontologe Pierre Teilhard de Chardin (1881-1955). Er war als erfolgreicher Forscher eng mit der evolutionären Entwicklung und der Phänomenologie der Pflanzen- und Tierwelt vertraut und von der Richtigkeit der Evolutionstheorie überzeugt. Gleichzeitig konnte es für ihn als gläubigen Christen keinen Gegensatz zwischen der Wahrheit der Wissenschaft über die Schöpfung Gottes und der Wahrheit der christlichen Offenbarung geben. Eine Wahrheit kann die andere Wahrheit nicht ausschließen. So arbeitete er an einem Kompromiss oder an einer Synthese, die er in seinen Büchern, vor allem in seinem Hauptwerk *Der Mensch im Kosmos* sehr inspirierend niederschrieb (Teilhard de Chardin, 1955).

Teilhard de Chardin entwarf das Bild einer Schöpfung, in welcher der göttliche Lebensfunke schon der unbelebten Materie innewohnt und sich schrittweise im Laufe der Jahrmillionen bis zur Entstehung des Menschen mehr und mehr manifestiert. Von dort an weiter zum Bund Gottes mit den Menschen über zur Menschwerdung Jesus Christus bis in die Gegenwart sieht er eine göttlich angelegte Entwicklung, die sich aber natürlich-evolutionär vollzieht. Diese Entwicklung sah er in die Zukunft fortgesetzt, da er ein globalen Bewusstseins vorausahnte, welches die Erde umspannt und das er *Noosphäre* nannte. Er erwartete eine Entwicklung hin auf ein imaginäres spirituelles Ziel zum *„Punkt Omega"*, Inbegriff und Verkörperung von Jesus Christus, zu einer wahrhaft humanen Gesellschaft.

Die Kirche verweigerte Teilhard de Chardin bald die Publikation seiner Schriften. Er ordnete sich diesem Willen der Kirche unter und versuchte nicht, das Verbot zu umgehen. Er starb 1955 und seine wichtigsten Schriften erschienen erst nach seinem Tod. Teilhard de Chardin ist eine wichtige Leitfigur für Wissenschafter, die Christen sind, und für Christen, die wissenschaftliches Denken in ihr Weltbild integrieren wollen. Es wäre für die Kirche möglich, bei Teilhard de Chardin anzuknüpfen.

Viele Gedanken Teilhard de Chardins sind mit jenen Alexanders verträglich. Sieht etwa Teilhard de Chardin das Atom – lange vor der Biologie – als Träger des göttlichen spirituellen Funkens, so ist für Alexander bereits der leere Raum der Träger des Lebens (im Abschnitt zur modernen Physik wurde aufgezeigt, dass die Vorstellung eines dynamischen, lebendigen Raumes durch die moderne Physik unterstützt wird). Angesichts des gemeinsamen Anspruchs „Leben existiert lange vor der Biologie" erscheint das als unbedeutende Detailfrage.

Ähnlich ist es bei der grundsätzlichen Sicht auf den kosmischen Prozess. Beide sehen die evolutionäre Entwicklung, die Entfaltung des Lebens im Zentrum aller Überlegungen. Während für Teilhard de Chardin das Bemühen im Vordergrund steht, die christlichen Glaubensgemeinschaft vom Evolutionskonzept zu überzeugen, widmet sich Alexander dem Verständnis des Evolutionsprozesses im Detail. Man findet zwar keine Überlappung ihrer beiden Argumentationen, aber große Kompatibilität.

Auch wenn Alexander keinen direkten religiösen Bezug herstellt, so gibt er ihm dennoch Gewicht, etwa indem er in Band 4 von *The Nature of Order* (*The Luminous Ground*, übersetzt etwa *Der Leuchtende Grund*) in fast mystischen Wendungen davon spricht, dass in Momenten besonderer Lebendigkeitswahrnehmung für ihn das Göttliche durch die Formen des Lebens, besonders durch Farbklänge besonderer Kunstwerke – wie hindurchleuchtend – sichtbar wird. Jedoch versucht Alexander immer, das Wahrgenommene anhand von Beispielen für den Leser nachvollziehbar zu machen.

Man könnte Alexander interpretieren: Gott ist nicht *überall*, Gott *ist das Überall*; Gott wohnt nicht in den Dingen oder im Menschen, sondern der Raum *ist* eine Substanz Gottes, auf der sich das Leben entfaltet. Der Raum hat das Potential zur Lebendigkeit als Wesenszug eingeprägt.

In diesem Gesamtzusammenhang kann man über eine Tragik der Geschichte spekulieren. Die Kirche hätte Alexander wohl als Zeitgenossen und Gegenkraft zu Descartes im 18. Jahrhundert dringend gebraucht. Eine systemisch-lebensorientierte Theorie wäre eine mit dem Glauben kompatible Theorie des Lebens und der Welt gewesen und hätte den Lauf der Geschichte verändert. Es wäre wohl nicht zu dieser Überentwicklung der mechanistisch-kausalen Theorie und des materialistisch-ökonomischen Denkens gekommen, das uns nun solche Schwierigkeiten bereitet.

Umgekehrt, wenn wir mittels der Sichtweise der Mustertheorie auf die Kirche schauen, so muss unsere Haltung vom Respekt für das Bestehende getragen sein. Das Christentum ist ein so wichtiger und tief verwurzelter Teil unserer Kultur, dass uns keine historisch gewachsenen Unzulänglichkeiten den Blick auf unsere kulturelle Kernsubstanz verstellen dürfen. Wir müssen uns der Aufgabe stellen, das Christentum neu als Teil unseres Selbst zu verstehen und zu integrieren. Das Christentum ist als starkes Zentrum unverzichtbar, um mit den wissenschaftlichen, sozialen und ökologischen Herausforderungen unserer Zeit umzugehen. Es ist zu hoffen, dass die Kirche versteht, dass die Denkweise Alexanders kein Angriff auf sie, sondern eine potenzielle Stärkung ist.

Kritischer Rationalismus und Karl Popper

Der österreichisch-englische Philosoph Karl Popper (1902-1994) hat sich wie kein anderer um Klarheit darüber bemüht, wie die Wissenschaft zu ihren Ergebnissen kommt. Es ging ihm um eine logische Erklärung der wissenschaftlichen Methode. Er wollte verstehen, was Wissenschaft eigentlich ist (Popper, 1934). Popper hat sich dabei an der Naturwissenschaft orientiert und ein recht strenges Abgrenzungskriterium zur Metaphysik vorgeschlagen. Er verlangt, dass Wissenschaft überprüfbare Voraussagen machen muss. Da eine wissenschaftliche Theorie nie vollständig überprüft werden kann, gibt es kein absolute Sicherheit des wissenschaftlichen Wissens. Das Leben ist Problemlösen und ein ständiger Lernprozess, der sich an die Wahrheit annähert.

Mit seiner Arbeit hat Popper dem Marxismus den Nimbus der Wissenschaftlichkeit genommen und auf intellektueller Ebene stark zu dessen Niedergang beigetragen (Popper, 1945). Seine Ergebnisse wurden beklatscht, als sie in der Zeit des kalten Krieges und Ost-West-Konfliktes den Bedürfnissen im Westen entgegen kamen. Heutzutage wird sein kritisches Denken, obwohl es genauso aktuell wie zu seiner Zeit ist, nicht mehr so gerne akzeptiert. Sein Bild einer offenen, lernenden Gesellschaft verlangt eine Entwicklung durch Verbesserungsversuche und ihre redliche Überprüfung. Dazu ist die moderne Politik in einer Mediengesellschaft kaum zu bewegen.

Poppers Motivation für seine Wissenschaftstheorie kommt aus seiner Lebensgeschichte und ist hochinteressant. Popper war als Jugendlicher Kommunist, jedoch auch überzeugter Pazifist. Bei ersten revolutionären Aktionen in Wien, die zu Gewalttätigkeiten und sogar Toten führten, war er zutiefst schockiert und fühlte sich verpflichtet, die Grundlage seiner Fehleinschätzung, den Glauben an die Wissenschaftlichkeit des „wissenschaftlichen Materialismus" zu überprüfen (Popper, 1976). Anhand der Naturwissenschaft – besonderes Vorbild war ihm Einstein bei der Entwicklung und Überprüfung der Relativitätstheorie – fand er seine Interpretation der wissenschaftlichen Methode, die heute von Naturwissenschaftlern weitgehend als zutreffend akzeptiert wird und die eine klare Trennung von Wissenschaft und Nicht-Wissenschaft (Metaphysik) gestattet.

Ein zentrales Ergebnis seiner Arbeit ist im zweibändigen Werk *Die offene Gesellschaft und ihre Feinde* (Popper, 1945) niedergelegt, in dem er vor allem der Hegel'schen Dialektik und dem darauf gründenden Marxismus die Wissenschaftlichkeit abspricht. Er tritt dabei für eine Gesellschaft ein, die sich evolutionär und friedlich durch Versuch und Irrtumskorrektur entwickelt. Die Demokratie ist für ihn vor allem ein System, das Denk- und Führungsalternativen zulässt. In der Demokratie soll es eine fairen Wettstreit um Ideen geben.

Poppers Bild der Wissenschaft und der offenen Gesellschaft ist jenes von *Versuch und Irrtumskorrektur* auf Basis reversibler Schritte. Theorien wie Regierungen sind austauschbar. Doch Relativismus und konstruktivistisch gerechtfertigte Propaganda-methoden drohen das Fortschrittsprinzip unwirksam zu machen. Heute überprüft kaum jemand, ob ein Globalisierungs- oder Privatisierungsschritt einen gesellschaftlichen Vorteil bringt – es wird geglaubt und aus dem Glauben heraus propagiert. Die Irrtumswahrnehmung braucht aber intellektuelle Redlichkeit und eigenständig denkende, urteilsfähige Menschen.

In Bezug auf Alexander ergeben sich zwei interessante Anknüpfungspunkte, eine Übereinstimmung und ein Gegensatz. In der schrittweisen Entwicklung und Irrtumskorrektur besteht vollständige Übereinstimmung. Dagegen scheint die Muster-theorie dem Abgrenzungskriterium zu widersprechen. Es wird auf methodisch saubere Weise ein brauchbares und objektiv anwendbares Wissen erzeugt, ohne dass kausal-mechanistische experimentelle Situationen erzeugt werden, wie sie Popper verlangt. Das Element des Überprüfens ist vorhanden, aber nicht als objektivierte Messung prognostizierter Vorhersagen, sondern als subjektive Resonanz mit geglückter Entfaltung.

Eine Lösung dieses Gegensatzes könnte durch eine schärfere Interpretation der Mustertheorie erfolgen, etwa indem man eine qualitative Entfaltungsprognose konstruiert. Ob das aber nicht nur ein formaler Kunstgriff wäre?

Eine andere Möglichkeit wäre eine Aufweichung des Abgrenzungskriteriums, indem man den Schwerpunkt mehr auf den Test und weniger auf die Prognose legt. Diese Variante hätte den Vorteil, unter Umständen für eine formale wissenschaftliche Methodik der Geisteswissenschaften eine Grundlage zu schaffen.

Es ist derzeit unklar, welche dieser beiden Variante zu bevorzugen ist, aber in jedem Fall wird im Diskurs über diese Thematik klarer werden, was Wissenschaft wirklich ist.

Kritische marxistische Theorie – Klaus Holzkamp

Es ist keine Frage, dass das grundlegende Anliegen des Marxismus, eine sozial gerechtere Welt, sympathisch und gerechtfertigt ist. Die Benachteiligten der Welt sind nicht primär selbst an ihrem Schicksal schuld. Die Armen sind nicht arm, weil sie zu faul zum Arbeiten sind. Die Reichen sind es zumeist nicht auf Grund von Leistungen für die Gesellschaft. Das Jenseits ist kein Ersatz für Fairness in dieser Welt. Hätte die Kirche nicht darin versagt, sich angemessen um die soziale Frage zu kümmern, wäre der Marxismus gar nicht erst entstanden.

Andererseits hat sich der Marxismus in eine merkwürdig paradoxe Situation manövriert. In der Praxis hat er immer wieder gezeigt, dass er mit der Konstruktion einer gerechten, freien und funktionierenden Gesellschaft nicht zurechtkommt. Immer wieder hat er zu Diktatur und Armut geführt. In der Theorie hat der Marxismus keinen Ansatz gefunden, um von einer kapitalismuskritischen Haltung und rituellen Denkbewegungen der Gesellschaftskritik und des Klassenkampfes, den Übergang zu konstruktiven und kreativen Handlungsmöglichkeiten zu finden. Die proletarische Legitimation, nämlich *für die Arbeiter sprechen zu wollen,* ist nicht genug.

Einer der interessantesten Vertreter marxistischer Theorie ist der Psychologe Klaus Holzkamp, einer der Väter der Kritischen Psychologie. Er hat versucht, eine subjektorientierte Psychologie zu entwickeln, mit dem Ziel einer Emanzipation des Menschen (Holzkamp, 1983, 1993). Er erhofft eine Veränderung der

Gesellschaft, wobei ein großer Erneuerungsprozess in fünf Schritten aus einer sogenannten *Keimform* hervorgehen soll:

1. Die Keimform tritt auf.
2. Das Gesamtsystem kommt durch Veränderungen in eine Krise.
3. Die Keimform wird zu einer nützlichen Entwicklungsdimension.
4. Die Keimform wird zur dominierenden Systemlösung.
5. Das Gesamtsystem strukturiert sich in Bezug auf die Keimform um.

Leider ist es bisher nicht gelungen, dieses Prozessbild zu vertiefen und produktiv zu machen. Der Fünfschritt erweist sich als eher formale und retrospektive Strukturierung. Es entstehen keine konkreten Handlungsanweisungen für Menschen, unterlegt mit dem rechtfertigenden Argument, dass solche Anweisungen der Emanzipation des Menschen zuwiderlaufen würden.

Vergleicht man die Mustertheorie mit den Holzkamp'schen Zielsetzungen, so findet man ähnliche Elemente. Der Alexander'sche Entscheidungsprozess ist ein subjektorientiertes Verfahren. Die Betroffenen in den Mittelpunkt zu stellen, sie als Entscheidungsträger zu befähigen bedeutet Emanzipation. Schließlich und endlich ist die Mustertheorie als Ganzes eine Theorie der Transformation mit Formenreichtum und Gestaltungskraft.

Nichts dürfte Alexander vermutlich ferner liegen, als ein marxistischer Theoretiker sein zu wollen. Aber absurderweise bietet er genau jene Theorieelemente an, die dem Marxismus fehlen: einen konkreten gemeinschaftlichen Prozess, der schrittweise, konsensual und ohne das Angst erzeugende Schreckgespenst der Revolution zu einer sozialeren Gesellschaft führen muss, wenn die Methode richtig angewendet wird.

Es wird interessant zu sehen, ob im links-intellektuelle Teil der Gesellschaft genug Flexibilität vorhanden ist, um neue Argumentationslinien, die aus der Alexander'schen Denkweise ableitbar wären, zu entwickeln und produktiv umzusetzen.

Konstruktivismus

Der Konstruktivismus gründet auf den lernpsychologischen Arbeiten des Schweizers Jean Piaget (1896-1980). Andere Denker haben in biologischer und philosophischer Sicht darauf aufgebaut. Stellvertretend für viele seien hier Ernst von Glasersfeld (Glasersfeld, 1995), Humberto Maturana (Maturana, 1984) und Heinz von Foerster (Foerster, 1998) genannt.

Der Konstruktivismus sagt, dass der Mensch sein Bild von der Wirklichkeit konstruiert. Er nimmt die Welt nicht so wahr, wie sie ist, seine Wahrnehmung korrespondiert nicht 1:1 mit der Welt, sondern ist weitgehend eine Konstruktion. Sinneswahrnehmungen werden als Signale empfangen, als Muster erkannt und im Bewusstsein geordnet. Neue Wahrnehmungen werden mit vorhandenen Muster zu neuen Mustern und Begriffen verbunden. Das hat mit der Idee einer objektiven Realität relativ wenig zu tun. Die Strukturen von Mustern ergeben Weltwahrnehmungen als Konstruktionen.

In der Auseinandersetzung um diesen Standpunkt ist eine Steigerung zum radikalen Konstruktivismus die logische Konsequenz. Die meisten Konstruktivisten vertreten diese radikale Variante: Demnach ist die Idee einer objektiven Realität eine reine Fiktion, Wahrheit so wenig zugänglich, dass man besser gar nicht von ihr sprechen soll.

Ein Vergleich des menschlichen Gehirns mit einem Computer ist interessant. Als Rechengerät addiert ein Mensch einfache Zahlen in Sekunden. Ein einfacher Personal Computer bewältigt dagegen Milliarden solcher Rechenoperationen in der gleichen Zeit. Umgekehrt ist das menschliche Gehirn jedoch unvergleichlich leistungsfähiger bei der Verarbeitung von Mustern in der Wahrnehmung und Bewegung. Ein Tischtennisspieler erkennt und antizipiert die Flugkurve des Balles, koordiniert seine eigene Schlagbewegung hinsichtlich des geplanten Treffpunktes und der Schlagwirkung mit höchster Präzision. Ähnlich großartig sind viele Menschen bei der Erkennung von Gesichtern und erkennen sie noch nach Jahrzehnten, trotz aller Veränderungen durch Alter und Haarstil. Auch die leistungsfähigsten

Supercomputer können das nicht, obwohl Entwickler seit Jahrzehnten an solchen Fähigkeiten arbeiten, weil sie in der Sicherheitstechnik von großer Bedeutung sind. Der Grund ist, dass hier vom menschlichen Gehirn Leistungen erbracht werden, die technisch nur sehr schwer zu realisieren sind und der Mensch ein Wunderwerk in Bezug auf solche Erkennungsleistungen ist.

Der gemeinsame Nenner der Mustertheorie und des Konstruktivismus ist der Begriff des Musters und die bewusste Auseinandersetzung mit dem Begriff und seiner methodischen Anwendung. Der Konstruktivismus scheint sich aber so sehr in seine Rechtfertigung und Auseinandersetzung um die Situation von Realität und Wahrheit verstrickt zu haben, dass die konkrete Erforschung von Mustern und ihrer strukturellen Auswirkungen in den Hintergrund getreten ist. Alexander dagegen nimmt diese Aufgabe tatsächlich in Angriff, ohne sich zunächst um eine Relativierung des Realitäts- und Wahrheitsbegriffes zu kümmern.

Der Mensch erkennt Muster als Problemlösungen in Systemen und Prozessen. Diese Wahrnehmungen und Konstruktionen mögen zwar auch individuell variieren, aber es gibt auch einen großen Anteil von gemeinsamen Gefühlen und Erkenntnissen. Auf diese Gemeinsamkeiten konzentriert sich die Mustertheorie mehr als die Problematisierung der Wahrnehmung, weil sie im Verbindenden und nicht im Trennenden den Nutzen sieht.

Die Motivation des radikalen Konstruktivismus, auf die inneren Funktionen und Mängel des menschlichen Erkenntnisapparates hinzuweisen, ist verständlich. Es wird der Boden für eine wissenschaftliche Untersuchung der inneren Abläufe beim Erkennen und Lernen bereitet.

Die Mustertheorie besagt nicht, dass der Mensch über einen Erkenntnisapparat verfügt, der ihm die objektive Realität oder absolute Wahrheit zugänglich macht. Insofern gibt es keinen wirklichen Gegensatz. Ein Brückenschlag zwischen Konstruktivismus und Mustertheorie scheint möglich, wenn auch nicht auf der Hand liegt, wie er vollzogen werden kann.

Die Relativierung des Relativismus

Albert Einsteins Beiträge zur modernen Physik sind enorm und wurden schon erwähnt. Seine Relativitätstheorie wurde in der breiten Öffentlichkeit jedoch großteils missverstanden, aus der Relativität wurde ein Relativismus. Tatsächlich sagt die Relativitätstheorie, dass verschiedene Beobachter aus ihrer jeweiligen Position und Perspektive gleichermaßen gültige, unterschiedliche Beobachtungen machen können. Dies ist oft als ein Ende der absoluten Wahrheit, als eine Rechtfertigung für eigenwillige persönliche Ansichten im Sinne eines *„Alles ist relativ"* verstanden worden.

Es handelts sich allerdings um ein Missverständnis. Unterschiedliche Wahrnehmungen sind auch ohne die Bedingungen der Relativitätstheorie möglich, also ohne große Geschwindigkeitsunterschiede der Beobachter. Man denke etwa an das Beispiel von zwei Beobachtern, die einen Berg von verschiedenen Aussichtspunkten aus betrachten: Fast immer sehen sie eine völlig andere Silhouette. Dies gibt keinen Grund zur Annahme, dass die zwei Beobachter einer unterschiedlichen Realität gegenüber stehen. Auch die Relativitätstheorie deutet nicht in diese Richtung. Sie ermöglicht nämlich die exakte Vorhersage, was jeder Beobachter – abhängig von seiner raumzeitlichen Position und seinem Bewegungszustand – wahrnimmt. Es lässt sich also aus der Beobachtung des einen Beobachters exakt errechnen, was der andere Beobachter sieht. Also: Keine Spur von Beliebigkeit.

Trotzdem ist die Relativitätstheorie zu einem Stützpfeiler des Relativismus geworden. Dieser bestärkt die Menschen in der Annahme, es gäbe in der Welt keine absoluten Maßstäbe oder Werte. Alles wäre nur persönliche Ansicht und Meinung. In die gleiche Kerbe schlägt der Konstruktivismus, der davon ausgeht, dass jede Wahrnehmung und jedes Verstehen im menschlichen Organismus gründet und deshalb als reine Konstruktion nichts mit der wahrgenommenen Welt zu tun hat. Im Sinne von Freiheit und Gleichberechtigung seien alle diese Konstruktionen gleichwertig und es steht jedem frei, seine Konstruktion als Maßstab zu setzen und zu propagieren.

Die aus pragmatischer Sicht vernünftige Gegenströmung, dass es eine gemeinsame Realität gibt, der sich unsere Wahrnehmung annähert, weil sie sonst in der Evolution keinen Nutzen brächte, und der sich die Wissenschaft in einem Prozess von Hypothesenbildung, Überprüfung und Irrtumskorrektur annähert, findet nur gelegentlich Befürworter. Sie hat im Vergleich einen geringen Unterhaltungswert und bietet kaum intellektuelle Spielmöglichkeiten. Natürlich beziehen sich alle Menschen auf eine objektive gemeinsame Realität, wenn etwa bei einem Verkehrsunfall mit Zeugen versucht wird, einen tatsächlichen Hergang zu rekonstruieren. Unser gesamtes Rechtssystem beruht auf der Hypothese einer feststellbaren, gemeinsamen Realität.

Alexander steht hier gegen einen Relativismus, der sich herausnimmt, Realitäten für andere zu konstruieren. Im Grunde ist ja die postmoderne Architektur eine solche relativistische Strömung, die neue ästhetische Normen willkürlich dekretiert, unabhängig davon, ob es den betroffenen Benutzern der Gebäude entspricht. Alexander kämpft gegen die Auswüchse dieser Willkürlichkeit an – und damit gegen den Relativismus.

Alexander sieht den Kampf sehr ernst: Es gibt in dieser Welt das Phänomen Leben, dem wir Menschen angehören und dem wir verpflichtet sind. Es liegt in unserem Wesen, nach Lebensentfaltung zu streben. Es macht uns glücklich, uns lebendig zu fühlen, neues Leben zu erzeugen, z. B. durch Kinder, kreatives Gestalten oder harmonisches Zusammensein mit der Natur. Alexander sieht darin absolute, gemeinsam gültige Werte, deren Berechtigung und Bedeutung er betont, und für deren Realisierung er sich einsetzt.

Die Relativierung des Absoluten

Dem kritisierten Relativismus liegt vermutlich das tiefe menschliche Bedürfnis zugrunde, sich von Bevormundungen zu befreien. Historisch gesehen, haben absolute Weltbilder – egal, ob griechisch-römischer Götterhimmel, christliche Tugendlehre oder moderne Wissenschaftlichkeit – tendenziell Herrschaftsansprüche begründet. Oft hatte der von diesen Autoritäten „angegriffene" Mensch das Gefühl, dass die angebotenen Wahrheiten ihren Absolutheitsanspruch nicht rechtfertigen können und ihm keine entsprechende Gegenwerte für seinen Verlust an geistiger Freiheit und autonomen Handlungsmöglichkeiten bieten. Wie erfrischend muss es sein, diesen Anspruch einmal abzuschütteln. Also: „*Nieder mit dem Absoluten*"?

Welche Haltung nimmt Alexander dazu ein? Einerseits sieht er im Universum absolut wirkende Kräfte, die zur Entfaltung des Lebens führen und identifiziert entsprechende Werte. Andererseits stellt er den Autoritätsanspruch gleichzeitig radikal in Frage. Lebendiges entfaltet sich individuell und persönlich im lokalen Raum. Es kann und darf das besserwisserische *Von-außen-über-andere-Entscheiden* nicht geben. Das Wissen wird als absolut angesehen, das heißt z. B., dass Muster Problemlösungen in einer zeitlosen Form sind, aber diese Muster sind nicht zwingend, sondern optional. Sie erhöhen den Handlungsspielraum der Individuen und werden nur durch ihre persönlichen Entscheidungen wirksam. Muster sind objektiv, aber in ihrer Erkenntnis und Ausprägung nicht endgültig.

Geschmacksurteile werden durch Vergleichsurteile objektiviert, entziehen sich aber gleichzeitig der Verallgemeinerung. Nur die Betroffenen in ihrer partizipativen und gestalterischen Situation können das für sie Optimale und Richtige finden. Der einzelne Mensch wird so buchstäblich zum Maßstab. In der Mustertheorie wird das Absolute durch die Situation relativiert, ohne ihm dort den Absolutheitsanspruch zu nehmen. Die Wahrheit ist aber nicht ohne weiteres in andere Situationen übertragbar und bekommt durch diese Dezentralität ein menschlicheres Gesicht: Mustertheorie ist Wahrheit ohne Herrschaftsanspruch.

Aus dieser Sicht entsteht auch ein Leitgedanke für Demokratie. Demokratie ist nicht nur das Wählen oder Abwählen von Repräsentanten im Sinne des Alltagsdenkens. Demokratie ist nicht nur das redliche gesellschaftliche Lernen im Sinne von Karl Popper. Weder politische Führungswechsel noch garantierte Wissenszuwächse können ein Garantie oder ein Ersatz dafür sein, dass der Einzelne sich lebendig fühlen kann und sich entfalten darf.

Demokratie ist vor allem das Recht des Einzelnen, – aus seinem ureigensten Gefühl für das Leben an sich und sein eigenes Leben im Besonderen – die Entfaltung seines Selbst und seiner Lebensumgebung mitzubestimmen. Da der Mensch dies nur im Rahmen von Transparenz und Partizipation kann, sind der Zugang zu Information und die Möglichkeit, sich an allen persönlichen und gesellschaftlichen Prozessen zu beteiligen, zu schaffen. Das Denken Alexanders erweitert auf diese Weise unsere Erwartungen und Anforderungen an Demokratie und Menschenrechte.

6 Aktuelle Problemstellungen

Die Entwicklung der Wirtschaft

Die meisten Verantwortungsträger in Wirtschaft und Politik werden abstreiten, dass die moderne Marktwirtschaft als sich globalisierende Privatwirtschaft grundsätzliche Probleme aufweist. Das ist logisch, weil das Anerkennen von Problemen ja die Verantwortung mit sich bringen würde, etwas gegen Fehlentwicklungen zu tun. Man sieht zwar Probleme des Wachstums oder der Arbeitslosigkeit, aber erkennt sie nicht als systembedingt.

Für alle, die außerhalb des Wirtschaftskomplexes stehen, sind jedoch die grundsätzlichen Probleme offensichtlich. Für die sozialen Verlierer der globalisierenden Wirtschaft ist es natürlich keine Besonderheit, mit der Entwicklung unzufrieden zu sein. Aber auch viele Wissenschaftler und Politiker treten als Mahner auf, vor allem wenn sie als Einzelpersonen außerhalb von Institutionen stehen.

Das erste grundlegende Problem der Wirtschaft ist die zunehmende Konzentration der Wirtschaftskraft in Großkonzernen. Je größer die Firmen sind, umso mehr entziehen sie sich dem Wettbewerb und der sozialen Kontrolle. Dies führt zu Organisationen, die – eine verkehrte Welt – die Politik bestimmen. Nicht die Staatengemeinschaft bestimmt die Spielregeln für eine sozial verträgliche Wirtschaft, sondern umgekehrt: Die Wirtschaft bestimmt selbst ihre wirtschaftspolitische Leitlinien und spielt die Staaten gegeneinander aus.

Das zweite Problem sind die kurzfristigen Erfolgshorizonte. Manager großer Firmen werden laufend an Hand von Jahres- oder sogar Quartalsbilanzen bewertet. Damit verkürzt und verengt sich der zeitliche und geistige Horizont. Der Manager kann nicht langfristig denken und planen, weil eine Investition in die Zukunft kurzfristig immer negativ in den Bilanzen aufscheint. Für den Manager ist schon das Denken an das übernächste Jahr eine gefährliche Ablenkung, weil es zu viel von seiner kostbaren Aufmerksamkeit braucht. Das geht noch weiter als in der Politik, wo die Politiker nicht über den nächsten Wahltermin hinausdenken. Das heißt, weder die Politik noch die Wirtschaft besitzt die Fähigkeit, Probleme zu lösen, die auch nur fünf Jahre später schlagend werden. Das ist so beruhigend wie in einem Auto mit 200 km/h auf ein Hindernis zuzurasen und zu wissen, dass der Fahrer dieses nicht wahrnehmen kann und daher nicht reagieren wird.

Das dritte Problem ist der rationale Egoismus, der in hohem Maß in das Wirtschaftssystem eingebaut ist und selbst in die internationale Wirtschaftspolitik hineinwirkt. Schon in Zeiten des Kolonialismus fanden auch kultivierte Staaten nichts dabei, sich die Ressourcen anderer Länder anzueignen, egal ob es sich um Bodenschätze oder Menschen handelte. Dies setzt sich bis in die Gegenwart fort, genannt seien nur exemplarisch die ausbeuterischen Produktionszonen und der Frauen verachtende Sextourismus.

Das vierte Problem ist die Institutionalisierung der kapitalistischen Wirtschaftsform. Sie wird als alternativlos idealisiert, was dazu führt, dass sich die Wirtschaft zunehmend der Exploration entzieht. Statt einer lebendigen „Ökologie" verschiedener Formen des Wirtschaftens folgen die geschulten Manager, Marketingleute und Wirtschaftsexperten herdenartig den in Kaderschmieden oder *Think Tanks* vorgefertigten Handlungsmustern.

Das fünfte Problem ist, dass nahezu alle Gemeinwesen, Staaten und Kommunen mehr Geld ausgeben, als sie haben, und damit in vielfältiger Weise von der Wirtschaft abhängig geworden sind. Daran ist die Wirtschaft zwar vielleicht nicht direkt schuld, aber es zu ihrem Vorteil und sie nützt die Situation weidlich aus, um Einfluss auf die Politik auszuüben. Natürlich ist das nicht im Interesse der Bevölkerungsmehrheit.

Damit sind die Probleme bei weitem nicht aufgezählt, aber es reicht aus, um Motivation für einige exemplarische Denkansätze aus Sicht der Mustertheorie zu bekommen.

Zunächst ist Ganzheitlichkeit einzufordern. Es kann uns nicht befriedigen, einen hohen Lebensstandard zu besitzen, wenn dafür in anderen Weltgegenden Menschen schamlos ausgebeutet werden. Es gibt ein soziales Gesamtgefüge der Welt, das schwere Mängel aufweist und jetzt auch in Form eines Abwanderns von Arbeitsplätzen und Verlusts von sozialen Standards zurückschlägt. *„Die Welt wird derzeit nicht gerechter, sondern ungerechter!"* ist eine Aussage, mit der renommierte Experten und Politiker für einen *Global Marshall Plan* zur weltweiten Entwicklungshilfe eintreten. Die Probleme mit Billigarbeitskräften und der Immigration von Flüchtlingen entstehen vorwiegend, weil es diesen Menschen in ihrer Heimat so schlecht geht. Grundsätzlich müssen uns die sozialen Nöte aller Menschen, gleich ob sie in Niederbayern oder in Nepal, in New York oder Nairobi leben, das gleiche systemische Anliegen sein.

Noch entscheidender ist die Sicht darauf, was Wirtschaft ist und wie sie zu steuern ist. Die Mustertheorie löst das Wirtschaftsgeschehen in Muster auf. Produkte, Organisationen, Märkte, Banken, Börsen, Währungen sind primär nicht gegebene Phänomene, sondern von Menschen entwickelte Problemlösungen, also kulturelle Muster. Wenn wir sie so verstehen, dann führt das zu funktionalen Beschreibungen, mit ihren positiven und negativen Auswirkungen, mit ihrer Optionalität. Es ist in der Mustertheorie naheliegend, sich z. B. systematisch damit zu beschäftigen, welche negativen Auswirkungen Großkonzerne oder spekulative Börsen haben. Es ist nicht die Frage einer subjektiven Sichtweise, sondern Teil einer unausweichlichen Systematik. Muster lösen Probleme und schaffen neue Probleme. Muster können durch eine veränderte Gesamtsituation als Anti-Muster kontraproduktiv werden, und es kann notwendig werden, sie zu verändern, sie zu ersetzen oder sie aufzulösen.

Ebenso wichtig ist der Grundgedanke, dass Muster immer optionale Handlungsmöglichkeiten darstellen und durch andere Muster ersetzt werden können. Wirtschaft als Ganzes organisiert die Produktion notwendiger Güter im Rahmen von Arbeits- und Ressourcenteilung. Es gibt jedoch viele Möglichkeiten, Wirtschaft zu organisieren oder Organisationen durch Regeln zu steuern. Wirtschaft würde z. B. auch ohne Aktiengesellschaften funktionieren. Diese sind ein optionales Element. Das gleiche gilt aber auch für Währungen. Europa hätte den Euro nicht einführen müssen, es war optionaler Entwicklungsschritt, zu dem man sich nach reiflichen Überlegungen entschlossen hat. So ist es mit allem. Die heutige privat-kapitalistische Wirtschaft hat sich institutionalisiert und gegen Kritik und Veränderungen immunisiert. Aber diese scheinbare Alternativenlosigkeit ist eine Falschdarstellung. Die heutige Gesellschaft muss die Optionalität der Wirtschaftselemente erkennen und das Bewusstsein der eigenen Gestaltungsmöglichkeiten wieder zurückgewinnen. Die Mustertheorie bietet dafür eine Fülle an Werkzeugen.

Allerdings würde der mustertheoretische Ansatz auch die Verdienste moderner Wirtschaft anerkennen und Strukturen so weit wie möglich erhalten. Sie würde niemals radikale, irreversible Änderungen vorschlagen und stets für die Entscheidung durch die Betroffenen und den Interessenausgleich eintreten. In diesem Sinne braucht niemand vor Veränderungen Angst zu haben, die aus der Mustertheorie abgeleitet werden.

Es wäre auch eine Fehleinschätzung, von einer Mustertheorie eine Ent-Ökonomisierung des Denkens zu erwarten. Nichts ist ökonomischer als die Natur. Mustertheorie würde die moderne Wirtschaft dort angreifen, wo sie ineffizient ist, etwa in den riesigen Kosten, die aus der Konkurrenz, den Zwischenhandel und die Markenbildung entstehen. Ebenso den gigantischen Overhead der Kapitalwirtschaft, die wenig leistet, aber einen überproportionalen Teil des Wohlstandes abschöpft. Von diesen großen Kostentreibern haben die Produzenten und die Konsumenten sehr wenig.

Ebenso ineffizient ist die Kurzlebigkeit der Produkte. Niedrige Qualität ermöglicht einen niedrigen Preis und einen konstanten Bedarf. Die Produktion langlebiger Produkte lohnt nicht. Die ökologische Situation der Erde verlangt aber, dass wir beginnen, Ressourcen zu sparen – und zwar in großem Ausmaß. Bekannt ist der Bericht *Faktor Vier* des *Club of Rome*, der herausstreicht, dass eine höhere Ressourceneffizienz und langlebigere Produkte ganz wesentlich zur Lösung unserer Zukunftsprobleme beitragen würden (Von Weizsäcker et al., 1998).

Die globale Wirtschaftsentwicklung bewegt sich in ihre logischen und energetischen Grenzbereiche. Eine Steigerung der Nachhaltigkeit braucht gravierende Systemänderungen. Wie sind solche Veränderungen angstfrei zu diskutieren, konsequent zu planen und risikofrei durchzuführen? Man braucht dafür eine neue ganzheitliche und glaubwürdig fürsorgliche Denkweise, wie sie mit der Mustertheorie verbunden ist.

Die Entwicklung der Demokratie

Auch die moderne Demokratie ist in einer tiefen Krise. Die Staatsbürger fühlen sich oft machtlos angesichts ferner Entscheidungsprozesse und ausufernder Bürokratie. Die politischen und wirtschaftlichen Interessensblöcke schneiden sich große Stücke vom allgemeinen Wohlstand ab, so dass sich ein Bewusstsein sozialer Gerechtigkeit und Zusammengehörigkeit nur schwer einstellt. Die Bürger sollen sich informieren und beteiligen. Es mangelt aber an transparenter Information und auch an demokratischer Offenheit und so ist es nicht leicht, sich zu beteiligen und sich mit dem Gemeinwesen zu identifizieren.

Auch unsere Vorstellung von Demokratie ist zu hinterfragen. Zu sehr wurde uns in der Vergangenheit ein Bild vermittelt, nämlich von einer Demokratie, die nur von der Existenz gewählter Funktionäre und Regierungen abhängt und die sich wie ein technisches Gerät einschalten lässt. Natürlich hören die Bürger – wir Österreicher etwa nach dem Nationalsozialismus und dem Weltkrieg – gerne ein *„Wir sind ein freier demokratischer Staat"* und lassen sich die Segnungen der Demokratie

„Freiheit, Gerechtigkeit und Wohlstand" aufzählen. Wir wissen aber doch, dass Demokratie kein Entweder-oder ist, sondern sich als graduelle Qualität in tausenden Details einer Gesellschaft widerspiegelt. Die Demokratien Englands und der Schweiz sind in Jahrhunderten gewachsen und besitzen eine andere Qualität als die stark obrigkeitlich geprägten Gesellschaften Deutschlands oder Österreichs.

Jede heutige Demokratie leidet aber auch an der mangelnden Realitätswahrnehmung, die durch Relativismus und Konstruktivismus gerechtfertigt wird und die sich in der Propaganda bzw. Werbemaschinerie von Wirtschaft und Politik widerspiegelt. Es ist schwierig, den Menschen angemessene Lebensumstände zu verschaffen, in denen sie ihr Glück selbst gestalten können. Es ist einfacher, den Menschen einzureden, dass Glück und Zufriedenheit mit dem Konsum von Produkten verbunden ist. Dann kann man das fiktive Glück der Konsumenten mit dem Gewinn der Produzenten in Einklang bringen. Es ergibt sich eine Maschinerie, in welcher der Mensch nicht glücklich ist, aber sein Glück wirtschaftsdienlich in der Steigerung seines Konsums sucht.

Ebenso schwierig ist es, eine erfolgreiche Politik zu machen, den Staat sparsam zu führen, einen gerechten Ausgleich zwischen Angestellten des Staates und der Privatwirtschaft zu schaffen, funktionierende Sozialsysteme zu errichten und zu erhalten, innere und äußere Konflikte zu lösen. Da ist es doch einfacher, durch Propaganda und Öffentlichkeitsarbeit den Eindruck von erfolgreicher Arbeit zu wecken. Durch Schlagworte wird das Bild einer aktiven Politik verkauft. Schlagworte wie *„wir schaffen 500.000 Arbeitsplätze"* oder *„wir machen eine andere Politik"* stehen nicht mehr für die Beschreibung der wirklichen Realität, sondern werden konstruktivistisch benutzt, um manipulativ Realitätsbilder in den Köpfen der Wähler zu erzeugen. Oder es werden mit *„Terrorismus"* oder *„Massenvernichtungswaffen"* mehrheitswirksame Feindbilder erzeugt. Die Verantwortlichen versuchen damit, sich als unersetzliche Führer in Konflikten darzustellen, denen man zu Loyalität verpflichtet ist.

Der Bürger kann natürlich nicht ewig getäuscht werden, aber wenn alle Parteien diese Mechanismen gleichermaßen benutzen, weil sie von den Beratern als billige Mittel der Wahl forciert werden, dann steht dem Bürger nur mehr die Politikverdrossenheit und das Fernbleiben von den Wahlurnen offen. Es passiert, was wir derzeit erleben: Eine wachsende innere Entfernung der Bürger zu ihren Staaten und Institutionen, mit denen sie wenig oder keine Kommunikation haben und von denen sie sich nicht vertreten fühlen. Auf dieser Grundlage keimen radikale politische Gruppierungen.

Natürlich hat das etwas Destruktives, denn wenn eine Gesellschaft Fehler nicht mehr erkennt und korrigiert, weil die Verantwortlichen Fehler routinemäßig als Erfolge verkaufen, dann unterbleibt das systemische Lernen der Gesellschaft. Der Motor des Fortschritts, beruhend auf Versuch und Irrtumskorrektur, beginnt zu stottern und bleibt stehen.

Aus der Mustertheorie ergeben sich dazu recht einfache Handlungsanweisungen. Die Entwicklung von Systemen zu höhere Qualität erfolgt in kleinen, überschaubaren Schritten. Die Ergebnisse müssen dann kontrolliert werden. In diesem Sinn ist die Mustertheorie eine zutiefst demokratische und soziale Theorie, die für eine Ermächtigung und Emanzipation der Bürger und eine Dezentralisierung der Prozesse eintritt. Die Entscheidungen über die Prozesse muss durch die Betroffenen erfolgen, nicht an den Schreibtischen der Planer. Zweifellos werden sich unter solchen Bedingungen die Menschen an der Gestaltung ihrer Umwelt beteiligen und sich mit ihren eigenen Entscheidungen und den daraus folgenden Ergebnissen identifizieren.

Die Entwicklung der Gesellschaft zur Noosphäre

Die Entwicklungsgeschwindigkeit in Bezug auf Computer und Internet ist atemberaubend. Um 1965 waren Computer noch unbekannte Exoten in klimatisierten Rechenzentren. Etwa 1980 gab es die ersten Computer, die man sich als Vorläufer des heutigen *Personal Computer* zum privaten Gebrauch auf den Schreibtisch stellen konnte. 1995, nur fünfzehn Jahre später, hatte der PC nicht nur alle Schreibmaschinen abgelöst, sondern war wirklich in fast allen Büros zu finden. Auch für Schüler und Studenten in den Industriestaaten war der Personal Computer zu diesem Zeitpunkt schon zum selbstverständlichen Werkzeug und Spielzeug geworden. Das Internet in seiner grafischen Form, als Hypertext-System, als *World Wide Web*, entstand zur gleichen Zeit und ermöglicht nur zehn Jahre später, also 2005, praktisch jedem relativ Wohlhabenden am Arbeitsplatz, daheim, in Hotels und Internet-Cafés den Zugang zu globaler Information und Kommunikation.

Diese Technologie erhöht die Datenverarbeitungskapazität der Gesellschaft um das Milliardenfache und ermöglicht die Kommunikation rund um den Erdball. Neben dem Datenaustausch telefoniert man mittlerweile gratis über das Internet und auch die Übertragung von Videos ist – etwa durch Videokonferenzschaltungen – für jedermann ohne Zusatzkosten möglich. Online ergeben sich so völlig neue Formen der Zusammenarbeit – durch ältere Technologien wie Emails, Mailing-Listen und Foren und durch neuere Technologien wie Blogs oder Wikis. Diese ermöglichen nach der wirtschaftlichen Globalisierung auch eine persönliche Globalisierung der Menschen.

Es besteht kein Zweifel, dass sich diese Technik weiterentwickeln wird, dass die Menge und Qualität der übertragenen Daten zunehmen wird, zunächst bis zu dem Punkt, an dem man alle Formen von Videoinhalten (z. B. Fernsehfilme oder Vorlesungen an Universitäten) über das Internet anschauen kann. Im Prinzip ist das jetzt schon möglich, aber die erforderlichen technischen Anschlüsse sind noch teuer und eine gute Qualität ist nur einer Minderheit zugänglich. Für die Verwendung im

Massenmarkt ist jedoch nur mehr eine Leistungssteigerung um den Faktor 10 bis 20 notwendig und diese Zunahme an Übertragungskapazität ist bis spätestens 2015 bis 2020 zu erwarten.

Das ist dann die Grundlage, um die technische und private Kommunikation vollständig zu globalisieren. Es geht ebenso um die Verkehrsnavigation wie um das zwischenmenschliche Gespräch. Alles steht mit allem jederzeit in Verbindung. Systeme und Menschen können überall in der Welt kommunizieren oder Daten austauschen. Die Veränderung ist gewaltig, revolutionär in einem unideologischen Sinn. Sie macht viele Fortschritte denkbar, ist aber selbst noch kein humanitärer Fortschritt. Wir können nur hoffen, dass diese Informationskanäle dazu führen, dass wir tatsächlich besser informiert werden und informieren. Die Möglichkeiten bestehen, sie müssen aber auch genutzt werden.

Wir werden weniger auf offizielle Medien angewiesen sein, um zu Informationen zu gelangen. Privatpersonen werden in der Lage sein, kleine Kopfkameras mit sich zu führen und damit ihre persönlichen Sehbereiche aufzunehmen. Diese Videoaufnahmen gelangen mittels Funktelefonverbindung ins Internet, werden auf Gratis-Servern gespeichert und Freunden oder der Öffentlichkeit zur Verfügung gestellt. Wir wissen nicht, welchen Einfluss das auf unser Bewusstsein haben wird. Wird es Mechanismen der Verdrängung geben, mit denen wir uns davon abschotten, weil wir die Realität nicht ertragen? Oder wird das Angebot von Unterhaltungsmedien so dominiert sein, dass sich nur eine Minderheit mit Realitätswahrnehmung beschäftigt? Werden wir die neuen Möglichkeiten zum gemeinsamen Wohl nutzen können?

Wird dieser Bewusstseinssprung, dieser schon von Teilhard de Chardin gewünschte Übergang in eine Noosphäre stattfinden? Viele Internet-Aktivisten erwarten dieses Ereignis in der nahen Zukunft. Die *soziale Rückeroberung des Internet* ist möglich. Aber wird sie stattfinden? Kann die Menschheit aus einem wuchernden Fremdkörper zu einem sich harmonisch anpassenden Organismus werden, der seine eigene Lebensgrundlagen auf der Erde nachhaltig bewahrt?

Sehr viel wird davon abhängen, ob wir in der Lage sein werden, mit der geänderten Technik auch unsere Denkweise zu ändern. Wir brauchen eine bessere Wahrnehmung fremder Interessen und ein besseres Gefühl für den Ausgleich und die Fairness im Miteinander, zwischen Staaten und Staaten, zwischen Menschen und Menschen, zwischen Nord und Süd, zwischen Armen und Reichen. Nur im Ausmaß dieser Verbesserungen im sozialen Miteinander kann es einen systemischen Ausgleich geben, der zu einer besseren Welt führt.

Die Mustertheorie ist dazu ein wesentlicher Beitrag, da sie die Systemveränderungen als Transformationen und Muster transparent macht und eine Haltung der Partizipation vertritt. Muster sind so einfach zu beschreiben, dass jeder sie in seiner Lebenssituation – mit Vorteilen und Nachteilen für eigene und fremde Interessen – verstehen, und über sie entscheiden kann. Dazu passt auch der ganzheitliche Ansatz, dieses Grundverlangen, dass eine Veränderung allen Teilen eines Systems nützen soll, so dass Zentren sich gegenseitig helfen und stärken. Ganzheitlichkeit enthält die gesellschaftliche Perspektive des fairen Interessenausgleichs.

7 Zusammenfassung

Es ist an der Zeit, die wesentlichen Punkte noch einmal zu verdichten. Wie funktioniert die Methode? Was steckt darin als paradigmatischer Kern? Welche Perspektiven eröffnen sich?

Die wissenschaftliche Mustermethode

Fasst man die in diesem Abschnitt dargestellten Elemente der Mustermethode zusammen, so ergibt sich folgendes Gesamtbild:

1) **Lebendige Systeme.** Gegenstand der Mustermethode sind lebendige Systeme, egal ob biologisch, nicht-biologisch oder gemischt.

2) **Musterbeschreibungen** ermöglichen das Verständnis der Systeme durch Beschreibung von wiederkehrenden Lösungen für Probleme. Sie enthalten alle relevanten Informationen mit ihren logischen und funktionellen Zusammenhängen.

3) **Mustersprachen** sind möglichst vollständige Sammlungen von Mustern. Zur Anwendung gehört ein sich aus Logik und handwerklicher Erfahrung ergebendes Prozesswissen über die Anordnung der Entfaltungsschritte, der Anwendung von Mustern, der Entstehung und Veränderung von Zentren.

4) **Lebendigkeitsurteile und Partizipation**: Die Gestaltung von Systemen wird entmystifiziert. Die Betroffenen werden an den Prozessen beteiligt. Jeder entscheidet im gegebenen Rahmen über seine Lebensumgebung. Muster

erscheinen als Optionen, deren Auswirkungen klar sind und die der eigenen, autonomen Entscheidung unterliegen. Dazu wird die Fähigkeit entwickelt, die Qualität des Lebens bewusster wahrzunehmen. Kollektive Urteile in der Situation persönlicher Betroffenheit sind reproduzierbar.

5) **Praxis der Entfaltung**: Der Architekt wird zum Coach dieser Partizipation. Er versteht die Mustersprache, den Prozess und die Methode. Er verfügt über die erforderlichen theoretischen und handwerklichen Fähigkeiten und die Bereitschaft, sich in den Dienst der Betroffenen zu stellen. Ziel der Mustermethode ist die erfolgreiche soziale Praxis der gemeinsamen Entfaltung lebendiger (lebensunterstützender, lebenswerter) Systeme.

Die Mustermethode ist eine wissenschaftliche Methode, weil sie rational produziertes und gesellschaftlich nutzbares Wissen erzeugt, das in der konkreten Form von Mustern anfällt. Dieses Wissen ist synthetisch, weil es sich auf Gesamtsysteme bezieht. Eine vollständige Kontrolle der Prozesse von außen wird als kaum möglich angesehen und daher auch nicht angestrebt. Es würde dem Respekt vor der autonomen Entfaltung individueller Systeme (man denke etwa an die Entfaltung einer menschlichen Persönlichkeit) widersprechen. Die Wahrheit als Überprüfbarkeit oder Falsifizierbarkeit ergibt sich aus dem Erfolg des Entfaltungsprozesses und der Fähigkeit, den Vorgang verstehend und unterstützend zu begleiten.

Das Paradigma

Christopher Alexander leitet seine Theorien aus seinen theoretischen und empirischen Forschungsergebnissen ab. Für die Zwecke dieser Einführung ist jedoch eine axiomatische Formulierung geeigneter:

1) Der grundlegende Vorgang in der Welt ist die Entfaltung des Lebens.

2) Das Leben besitzt eine graduelle Lebendigkeit. Vor der Biologie beginnt das Leben schon als Dichte und Intensität geometrischer Strukturen im Raum.

3) Der leere Raum ist nicht wirklich leer, sondern ein dynamisches Medium, das zum Leben erwacht.

4) Der Mensch ist in der Lage, die Lebendigkeit von Systemen mit seinem Gefühl wahrzunehmen, als eine Form von Resonanz.

5) Gefühlsentscheidungen über Lebendigkeit sind objektiv, so dass verlässliche Entscheidungen darauf aufgebaut werden können.

6) Lebendige Umgebungen stärken den Menschen in seinem Menschsein, seiner Handlungsfähigkeit und seiner Freiheit. Das ist das Ziel jeder Gestaltung.

7) Der Sinn des Lebens besteht in der Teilhabe am Leben, durch die Entfaltung des eigenen Selbst im Einklang mit der Entfaltung seiner Umgebung.

Die erste Grundbehauptung ist, dass der Raum und jede Form von Materie, organisch oder anorganisch, graduell Leben besitzt, und zwar in Abhängigkeit von der jeweiligen Anordnung und Struktur. Die zweite Grundbehauptung ist, dass jede Raum/Materie-Struktur eine Form von *Selbst* enthält, etwas Persönliches, das den gesamten Raum und jede Materie durchdringt, selbst wenn wir es nur für ein mechanisches System halten. Es ergibt sich ein Weltbild, in dem alle Dinge, etwa die Luft, die wir atmen, die Steine, selbst der Beton unserer Städte, in verschiedenen Graden lebendig sind. Das Erscheinungsbild des Lebens im Raum ist jenes des Erwachens oder Entfaltens. Diese einfache Konzeption ist die Grundlage einer Denkweise, die ein neues Bild der Welt ermöglicht.

Diese Grundlegung mag auf den ersten Blick ungewohnt erscheinen, sie fordert aber dem denkenden Menschen kein unmögliches Opfer ab. Sie ist kompatibel mit modernen Erkenntnissen der Physik und mit religiösen Weltbildern. Es lohnt sich deshalb, auf die Details der Theorie und Methode und ihr Leistungsvermögen zu schauen und sie auszuprobieren.

Als eine Besonderheit dieses Paradigmas kann auch erscheinen, dass es einerseits mit Begriffen arbeitet, die spirituell erscheinen, wenn etwa von Ganzheitlichkeit, Lebendigkeit, Gefühl und Resonanz die Rede ist. Andererseits steht dahinter aber eine empirische, rationale, methodische und damit wissenschaftliche Denkweise. Man kann die Mustertheorie daher auch als einen Brückenschlag zwischen der rationalen Welt des Denkens und einer spirituellen Welt der Gefühle betrachten.

Abschluss

Als Alternative zur kausalen Wissenschaftlichkeit ist die Alexander'sche Mustertheorie ein gedanklicher Entwicklungssprung. Sie wird schon allein dadurch revolutionär, indem sie die Vorstellung einer einzigen legitimen Form von kausaler Wissenschaftlichkeit erschüttert. Als alternative Wissenschaftsmethode bietet die Mustertheorie einen Ansatz für Innovationen durch neue Perspektiven und Handlungsmöglichkeiten, was sich vor allem im Entstehen von Mustersprachen zeigen wird.

Im Vergleich zur aktuellen politischen Landschaft bringt die Mustertheorie ebenfalls Neues. Sie stellt den autoritären Entscheidungsanspruch in Frage, indem ihm die Effizienz grundsätzlich abgesprochen wird. Die betroffenen Menschen rücken in den Mittelpunkt der Überlegungen. Es geht um ihre Autonomie, ihr Recht und ihre Fähigkeiten, für sich zu entscheiden. Die Rolle des Architekten bzw. Gestalters verändert sich: Er wird zum Vermittler von Gestaltungsfähigkeiten und zum Begleiter von Beteiligung und Entfaltung.

In der Ökonomie bedeutet die Mustertheorie ein Umdenken. Der ökonomische Blickwinkel wird nicht grundsätzlich in Frage gestellt, sondern vermehrt beim Wort genommen, in Hinblick auf Ressourceneffizienz und Reversibilität verfeinert. Ganzheitlichkeit bedeutet Ausgleich der Interessen bei gleichzeitigem Respekt für das Bestehende. Dies ist mit einseitiger Profitmaximierung ebenso unvereinbar wie mit Revolution. Die dringend benötigte Nachhaltigkeit erfordert den leichten Zugang aller Menschen zu den Entscheidungsprozessen und zu den dafür erforderlichen Informations- und Bildungsressourcen.

Die Mustertheorie legt keine äußere Revolution nahe. Sie macht Prinzipien und Prozesse bewusster, die schon immer in der Natur vorhanden waren. Es sind schrittweise Prozesse des Lernens, der Verbesserung und der Entfaltung. Auf diese Weise werden die Phänomene des Lebens für jeden einzelnen Menschen verfügbarer. Es wird ein Umdenken vorgeschlagen, das neue Möglichkeiten bietet: ein humaneres Verstehen der Welt, ein stärkeres Miteinander zum Nutzen aller Menschen.

Möge dieses Umdenken gelingen.

8 Anhang

Anhang 1. Abhängigkeitsmatrix

Die Alexander'sche Abhängigkeitsmatrix der fünfzehn Lebenseigenschaften (*The Nature of Order*, Band I, Seite 238).

Lebenseigenschaften	1	2	3	4	5	6	7	8	9	10	11	12	13	14	15
1. Größenstufen		x	x			x			x						
2. Starke Zentren			x			x		x	x				x		x
3. Grenzen		x		x			x	x	x	x					
4. Rhythmische Wiederholung		x			x	x		x	x						x
5. Positiver Zwischenraum	x	x	x			x	x		x		x		x		
6. Besondere Form	x	x			x	x		x		x		x		x	
7. Lokale Symmetrie	x					x			x				x		
8. Zweideutige Durchdringung				x	x				x		x	x			x
9. Kontrast			x		x			x		x			x		x
10. Gradienten	x	x					x		x		x	x			x
11. Rauigkeit – Individualität		x			x	x				x				x	x
12. Echos – Ähnlichkeit	x				x	x				x	x				x
13. Leere und Freiraum	x		x		x		x		x				x		
14. Einfachheit und innere Ruhe						x	x					x	x		x
15. Ganzheitliche Verbundenheit			x		x			x		x	x		x	x	

Diese Matrix kann so interpretiert werden, dass es ein dichtes Netz von Abhängigkeiten zwischen den Lebenseigenschaften gibt. Dies deutet möglicherweise auf zugrunde liegende allgemeinere Begriffe hin, die aber bislang nicht konkretisiert werden konnten.

Anhang 2. Glossar

Architekt: Rolle des Gestalters, nicht nur auf Gebäude bezogen; der Architekt wird zum Coach von kreativen, partizipativen Entfaltungsprozessen

Funktion: Der dynamische Aspekt des Zusammenwirkens von Systemeigenschaften

Gestalt: Der statische Aspekt der geometrischen Form von Systemen

Ganzheit: Ein System oder Zentrum, betrachtet als funktionelle Einheit

Leben: Die Eigenschaft des Universums, Strukturen mit wachsendem Organisationsgrad und Bewusstsein hervorzubringen

Lebendigkeit: Die Qualität des Lebens, die sich auch schon in nicht-biologischen Strukturen zeigt

Lebenseigenschaften: Fünfzehn fundamentale Eigenschaften lebendiger Systeme, die sich als reine Geometrieeigenschaften identifizieren lassen; sie können als abstrakte Eigenschaften auch auf nicht-geometrische Systeme angewandt werden

Muster: Die Lösung eines Problem in einem Anwendungszusammenhang, mit kompletter Beschreibung für die praktische Anwendung durch den Nichtexperten

Mustersprache: Eine möglichst komplette Sammlung von Mustern für eine Anwendung

Partizipation: Die Beteiligung der Betroffenen an der Gestaltung ihres Lebens

Prozess: Die schrittweise Entfaltung eines Systems in einzelnen Transformationen

Prozessabfolge: Die Reihenfolge gegebener Entfaltungsschritte in einem Prozess

Schritthaftigkeit: Jede natürliche Entwicklung erfolgt Schritt für Schritt; es findet eine ständige Adaption und Fehler-korrektur statt

Raum: Der Raum besitzt das Potenzial für die Entfaltung des Lebens und erwacht zum Leben; das ist das grundsätzliche Faktum aller Existenz

Strukturerhaltung: Die für lebendige Systeme typische Form der Transformation, die optimal auf vorhandene Struk-turen aufbaut, diese oft nutzt und verstärkt

System: Allgemeiner systemtheoretischer Begriff; ein System wird aus Zentren (Elementen) gebildet. Systeme und Zentren können als Ganzheiten verstanden werden

Transformation: Eine Systemänderung; sie ist immer mit dem Erschaffen oder Verändern von Zentren verbunden

Zentrum: Allgemeiner systemtheoretischer Element-Begriff; ein Zentrum ist meist Teil größerer Strukturen, steht mit Nachbarzentren in Verbindung, besitzt oft eine innere Struktur von kleineren Zentren

Anhang 3. Übersicht Eigenschaftsdiagramme

Größenstufen

Starke Zentren

Grenzen

*Rhythmische
Wiederholung*

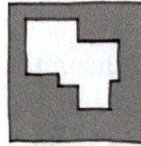

*Positiver
Zwischenraum*

Besondere Form

Lokale Symmetrie

*Zweideutige
Durchdringung*

Kontrast (Differenz)

Gradienten

*Rauigkeit
(Individualität)*

*Echos
(Ähnlichkeit)*

*Leere
(Offener Raum)*

*Einfachheit und
innere Ruhe*

*Ganzheitliche
Verbundenheit*

9 Literatur

Alexander, C. (1964). *Notes on the Synthesis of Form*. Harvard University Press.

Alexander, C., Silverstein, M., Angel, S., Ishikawa, S., Abrams, D. (1975). *The Oregon Experiment* (Center for Environmental Structure Series, Vol. 3). Oxford University Press.

Alexander, C., Ishikawa, S., Silverstein, M., Jacobson, M., Fiksdahl-King, I., Angel, S. (1977). *A Pattern Language: Towns, Buildings, Construction* (Center for Environmental Structure Series, Vol. 2). Oxford University Press.

Alexander, C. (1979). *The Timeless Way of Building* (Center for Environmental Structure Series, Vol. 1). Oxford University Press.

Alexander, C. (1981). *The Linz Cafe* (Center for Environmental Structure Series, Vol. 5). Oxford University Press.

Alexander, C., Davis, H., Martinez, J., Corner, D. (1985). *The Production of Houses* (Center for Environmental Structure Series, Vol. 4). Oxford University Press.

Alexander, C., Neis, H., Anninou, A., King, I. (1987). *A New Theory of Urban Design* (Center for Environmental Structure Series, Vol. 6). Oxford University Press.

Alexander, C. (1993). *A Foreshadowing of 21st Century Art: The color and geometry of very early Turkish carpets* (Center for Environmental Structure Series, Vol. 7). Oxford University Press.

Alexander, C., Ishikawa, S., & Silverstein, M. (1995). *Eine Muster-Sprache*. Wien: Löcker Verlag.

Alexander, C., Black, G., Tsutsui, M. (1995). *The Mary Rose Museum*. (Center for Environmental Structure Series, Vol. 8). Oxford University Press.

Alexander, C. (2002). *The Phenomenon of Life* (The Nature of Order: An Essay on the Art of Building and the Nature of the Universe, Book One). Berkeley, CA: The Center For Environmental Structure.

Alexander, C. (2003). *The Process of Creating Life* (The Nature of Order: An Essay on the Art of Building and the Nature of the Universe, Book Two). Berkeley, *CA:* The Center For Environmental Structure.

Alexander, C. (2004). *A Vision of a Living World* (The Nature of Order: An Essay on the Art of Building and the Nature of the Universe, Book Three). Berkeley, *CA:* The Center For Environmental Structure.

Alexander, C. (2005). *The Luminous Ground* (The Nature of Order: An Essay on the Art of Building and the Nature of the Universe, Book Four). Berkeley, CA: Center for Environmental Structure.

Alexander, C., Neis, H., Alexander, M. M. (2012). *The Battle for the Life and Beauty of the Earth: A Struggle Between Two World-systems*. Oxford University Press.

Beck, K. (2004): *Extreme programming explained: embrace change*. Addison-Wesley Professional.

Borchers, J. (2001): *A Pattern Approach to Interaction Design*. John Wiley & Sons.

Brown, W. J., Malveau, R. C., McCormick, H. W., Mowbray, T. J. (1998): *AntiPatterns: Refactoring Software, Architecture, and Projects in Crisis*, John Wiley & Sons, 1998

Darwin, Charles (1859): *On the Origin of Species: by means of natural selection or the preservation of favoured races in the struggle for life*. London: John Murray. Retrieved December 18, 2014 from http://darwin-online.org.uk/converted/pdf/ 1859_Origin_F373.pdf .

Descartes, R. (1984). *The philosophical writings of Descartes* (Vol. 1 and 2). Cambridge University Press.

DorfWiki (2004): online community: DorfWiki. Retrieved December 18, 2014 from http://www.dorfwiki.org .

Eigner, C., Leitner, H., Nausner, P. & Schneider, U. (2003). *Online-Communities, Weblogs und die soziale Rückeroberung des Netzes*. Graz: Nausner & Nausner.

Foerster, H. von, Pörksen, B. (1998): *Wahrheit ist die Erfindung eines Lügners: Gespräche für Skeptiker*. Carl Auer Verlag. (English translation (2003): *Understanding Systems: Conversations on Epistomology and Ethics*. Springer)

Gamma, E., Helm, R., Johnson, R., Vlissides, J. (1995). *Design Patterns: elements of reusable object-oriented software*. Pearson Education.

Glasersfeld, E. von (1995): *Radical Constructivism*. London: The Falmer Press. (German translation (1997): *Radikaler Konstruktivismus: Ideen, Ergebnisse, Probleme*. Suhrkamp)

Heisenberg, Werner (1959): *Physik und Philosophie*. Ullstein. (English translation (1962): *Physic and Philosophy: The Revolution in Modern Science*.)

Heisenberg, Werner (1971): *Der Teil und das Ganze: Gespräche im Umkreis der Atomphysik*. Piper.

Holzkamp, Klaus (1983): *Grundlegung der Psychologie*. Campus.

Holzkamp, Klaus (1993): *Lernen: Subjektwissenschaftliche Grundlegung*. Campus.

Isaacs, William (1999): *Dialogue: and the Art of Thinking Together.* Currency.

Koenig, A. (1995): Patterns and Antipatterns, *Journal of Object-Oriented programming*, 8(1).

Leuf, B., & Cunningham, W. (2001): *The Wiki way: quick collaboration on the Web.* Addison-Wesley.

Luhmann, N. (1984): *Soziale Systeme: Grundriß einer allgemeinen Theorie.* Suhrkamp. (English translation (1995): *Social Systems.* Stanford University Press)

Maturana, H. R.,Varela, F. J. (1984): *El árbol del conocimiento: Bases biológicas del entendimiento humano.* Santiago: Editorial Universitaria. (English translation (1988): *The Tree of Knowledge: Biological Roots of Human Understanding.* Shambhala Publications Inc.) (German translation (1987): *Der Baum der Erkenntnis: Die biologischen Wurzeln menschlichen Erkennens.* München: Scherz Verlag)

Mollison, B., Holmgren, D. (1978): *Permaculture One: A Perennial Agriculture for Human Settlements*, Corgi.

Mollison, B. (1979): *Permaculture Two: Practical Design for Town and Country in Permanent Agriculture.* Tagari Publications.

Mollison, B. (1988): *Permaculture: A Designer's Manual.* Tagari Publications.

Mollison, B., Slay, R.M. (1991): *Introduction to Permaculture, Tagari Publications.*

Mollison, B. (1996): *Travels in Dreams*, Tagari Publications.

Popper, Karl R. (1934): *Logik der Forschung*, Wien: Julius Springer, 1934. (English translation: *The Logic of Scientific Discovery*, London: Hutchinson, 1959)

Popper, Karl R. (1945): *The Open Society and its Enemies*, Volume I: The Spell of Plato, Volume II: The High Tide of Prophecy: Hegel, Marx and the Aftermath. London: Routledge and Kegan Paul. (German Translation (1958): *Die Offene Gesellschaft und ihre Feinde, Band I: Der Zauber Platons, Band II: Hegel, Marx und die Folgen*. Bern: A. Francke Verlag)

Popper, Karl R. (1976): *Unended Quest: An Intellectual Autobiography*. Fontana. (German translation (1979): *Ausgangspunkte: Meine intellektuelle Entwicklung*, Hoffmann und Campe Verlag)

Popper, Karl R. (1999): *All life is problem solving*. Routledge Chapman & Hall.

Public Sphere Project (2001) online community: Public Sphere Project, http://www.publicsphereproject.org/about (accessed December 18, 2014)

Schuler, D. (2008). *Liberating Voices: A pattern language for communication revolution*. MIT Press.

Teilhard de Chardin, Pierre (1955): *Le Phénomène Humain*. Paris: Editions de Seuil.
(English translation (1976): *The Phenomenon of Man*. Harper)
(German translation (1959): *Der Mensch im Kosmos*, C. H. Beck)

Vester, F. (1974): *Das kybernetische Zeitalter*. S. Fischer.

Vester, F. (1984): *Neuland des Denkens: Vom technokratischen zum kybernetischen Zeitalter*. Deutscher Taschenbuch Verlag.

Vester, F. (2002): *Die Kunst vernetzt zu denken: Bericht an den Club of Rome*. Deutscher Taschenbuch Verlag.

Von Weizsäcker, E. U., Weizsäcker, E. U., Lovins, A. B., & Lovins, L. H. (1998). *Factor four: doubling wealth-halving resource use: the new report to the Club of Rome*. Earthscan.

Watson, James D. (1968): *The Double Helix: A Personal Account of the Discovery of the Structure of DNA*. New York: Atheneum.

Wikipedia (2001): online encyclopedia. Retrieved December 18, 2014 from http://en.wikipedia.org .

Wiki Wiki Web (1995): online community plattform. Retrieved December 18, 2014 from http://www.c2.com/cgi/wiki?WelcomeVisitors .

Wilczek, F. (2005): online video lecture "The Universe is a Strange Place". MITvideo. Retrieved December 16, 2014 from http://video.mit.edu/watch/the-universe-is-a-strange-place-9934/ .

Wilczek, F. (2008): *The Lightness of Being: Mass, Ether, and the Unification of Forces*. Basic Books.

Notizen

Notizen

Notizen

www.ingramcontent.com/pod-product-compliance
Lightning Source LLC
LaVergne TN
LVHW021456080426
835509LV00018B/2303